老い路遥かなり

老人コミュニティを訪ねて

岩尾徹 著

緑風出版

目次

老い路遥かなり——老人コミュニティを訪ねて——　目次

序章

楽隠居できない世の中で

振り返ってみれば、昔の日本の老人たちは、いかに老いの身を処していくかなどと迷ったり悩んだりすることはほとんどなかったのではないかと思う。

人生たかだか五十年の時代。迷うほどに長生きする人が多くなかったこともあるが、たとえ長生きしたとしても、そこには老人たちにとってすこぶる居心地のよい世の中が待ち受けていて、だれもがその居心地のよさにつつまれながら、迷うこともなく老いの身を処していくことができたからである。

たとえば、家族のなかの老人たち。若いうちは寝る間も惜しんで身を粉にして働く。家業を盛り立て、倹約に努め、家のため孫子のためにできるかぎり家産を増やしてやる。そして歳を取っていよいよ働けなくなったら、家督を跡取り夫婦に譲って自分は表舞台からすっぱりと身を引き、あとは彼らの扶養を受けつつのんびりと余生を送る。楽隠居つまり気楽な隠居ということだ。

もっとも、隠居とはいっても、老人たちはこそこそと隠れて暮らしていたわけではない。家族の若い世代とはこれまで通り強い絆で結ばれ、しかも家族のなかでの威厳と存在感だけはけっして失うことなく、悠然かつ毅然と残された日々を過ごしていく。そして最後には、大勢の家族や親類縁者などに見守られながら静かに大往生をとげる。それは、縦型の家族関係が支配的だった昔の日本においては、どこにでも見られたごくありふれた光景だった。

家族の外に目をやっても、ことは同様である。大は国の政治機構から、小は身近かな近隣コミュニティに至るまで、どこにも「長老」やら「重鎮」やら「顔役」やらが必ずいて、若い世代ににらみをきかす御意見番を任じていたことからもわかるように、現役を引退した老人たちといえども、長い経験で身につけた知恵や技能を介して社会の網の目のなかにきちんと位置づけられ、歳相応の社会的役割をしっかりと果たせるようになっていたのである。

家族の内においても外においても、老人たちがことさら大事にされ敬われる。また、彼らにふさわしい居場所や役割もぬかりなく用意されている。そんないかにも居心地のよい世の中だったがゆえに、昔の老人たちはあれこれ迷うことなく、どっしりと落ち着いて、あるいは自信を持って堂々と身を処していくことができたのである。

しかし、日本の老人たちが長いこと享受してきたそんな居心地のよい世の中も、政治の世界などを別にすれば、残念ながらいまや影もかたちもなくなってしまったといえるだろう。

たとえば家族についていえば、三世代同居の大家族が姿を消していくとともに、家族を縦に結びつけていた絆はすっかり弱まり、また家族のなかでの親の威厳なども急速に衰えていった。楽隠居や親孝行などの言葉も、もはや死語と化しつつある。かって老人たちが身を処していくうえでもっとも大きな意味を持っていた家族の存在、とりわけ親子関係の存在など、いまやほとんど意味のないものになってしまったのである。

また、技術革新の急速な進展や効率一辺倒の世の中の到来も、老人たちの身の上に大きな影響を与えたといえるだろう。

老人たちが若いころから手間ひまかけてこつこつと培ってきた豊かな経験の蓄積は、進歩や効率という旗印の前にすっかり時代遅れの無用の長物となり果ててしまった。また、そうした経験の蓄積に裏打ちされた老人たちの社会的役割もあっさりと失われ、結果として、彼らは役立たずの厄介なお荷物として、世の中の片隅の陽の当たらない場所へと追いやられていったのである。

本書でこれから取り上げる老人コミュニティなども、ある意味ではそんな世の中の片隅の陽の当たらない場所を象徴するところといってよいかもしれない。

いずれにしても、老人たちと世の中との関わりのありようが、いまや大きく様変わりしてしまった。もっとはっきりいえば、老人たちは世の中から疎外されてしまったのである。歳をとった老人たちがいつまでも幅をきかせていた昔の世の中も、考えてみればおかしな世の中だが、若さばかりがやたらともてはやされ、老人たちが歳を取っているというだけで必要以上に疎んぜられ、邪険にされるこの世の中も、あまりまっとうな世の中とはいえないだろう。

そんな世の中で老いの身を処していくのは、なかなかに難しいことである。昔の老人たちのように、どっしりと落ち着いて、あるいは自信を持って堂々と身を処していくことなど、とうていできるはずがない。つまりは、これから老いを迎える私たちも含めて日本の老人たちのだれもが、このいかにも居心地の悪くなった世の中であれこれと迷い悩みながら、老いの身を処していかざるをえなくなったのである。

老人コミュニティを訪ねて

若い人たちの姿がほとんどなく、代わりに老人たちの姿ばかりがやたらに目につく、いかにも暗くわびしげな風情のコミュニティ。そこでは、すでに子育ても終え、仕事からもリタイアした多くの老人たちが、肩を寄せ合いながらひっそりと長い老後の日々を過ごしている。むろん、楽隠居や親孝行などとは無縁の人たちだ。高齢社会の縮図ともいえるそんな老人コミュニティが、いま各地でしだいに増えつつある。

かってその種のコミュニティといえば、農山村の過疎地などでしか見られないものだった。高度成長華やかなりしころ、村の若い人たちがつぎつぎと大都市へと出払っていき、後には歳を取った老人たちだけが取り残されて、いわゆる老人集落なる老人ばかりのコミュニティがそこここにできたのである。じつは私もそのころ、ある農業関係の研究機関の仕事に携わっていたので、山深い過疎地に出かけていってはそんな老人集落の実態調査やらその対策づくりなどに精を出したものである。

しかし、その後、わが国の高齢社会化が一段と進んだことによって、さらには核家族化など家族構造の著しい変化も相まって、いまではその種のコミュニティが過疎地ばかりでなく、都市農村を問わず全国いたるところで見受けられるようになった。東京のような大都市でも例外ではない。つまり、高齢社会の目に見える兆候としての老人コミュニティが、いまやどこでもごく当たり前の存在になってきたのである。ある意味では、日本全体が老人コミュニティ化しつつあるといったほうがよいかもしれない。

この十数年間、私は高齢社会というものの現実にじかに触れてみようと、そんな老人コミュニティを気のむくままにいくつも訪ね歩いてきた。東京とその周辺を中心に、全部で一〇カ所近くにもなるだろうか。

昭和三十年代に建てられてからもうすでにかなりの歳月が経つ古い団地、山の手の古い住宅地、私が育った下町の商工業地、そして、いま私が住んでいる東京近郊のニュータウンのようなところでも、初期に開発された地区などでは住民の高齢化がしだいに進んできて、すでに老人コミュニティの様相を呈しはじめているところもあるということなので、そんなところにも出向いてみた。また、東京の周辺ということなら、大都市の老人たちが移り住んで老後を過ごしている、いわゆる農村の新天地も近年増えているようなので、そんなところにも何カ所か足を運んだ。いずれも、人口に占める老人たちの割合の著しく高い、老人コミュニティの典型といえるところである。

高齢社会とはいうものの、じつは私たちはその現実の姿を意外と知っていない。とくに、老人コミュニティのような、老人たちが日常的に暮らしている世界のこととなると、そこがいったいどういうところなのか、老人たちはそこでどのように暮らしているのか、ほとんど何もわかっていない。そんな暗くわびしげなコミュニティのことなど、これまでだれもさしたる関心を払ってこなかったし、時には知らず知らずのうちに目をそむけてしまうことさえあったからである。これから老いを迎える私たちも、いずれはそういう世界と関わりを持つことになるかもしれないというのに。

そんな自省の気持ちを込めながら、私はそれらの老人コミュニティの一つ一つを丁寧に取材してまわった。

そこに漂う気配や雰囲気、そこに流れる時間、そこで起こる大小さまざまな出来事、そして、そこを終《つい》の住処《すみか》に長い老後を過ごしている老人たちの人間模様やその身辺風景など、老人コミュニティの諸相のあるがままをじっくりとながめながら、老人たちの世界の何たるか、高齢社会の何たるか、さらには老いというものの何たるかを、私なりに読み取り感じ取ってみたいと思ったからである。本書で紹介するのは、そのなかでも私がとくに興味を惹かれて、その来し方から行く末までかなり長期にわたって取材した、ある二つのコミュニティの見聞記である。

そして、それらを拠りどころにしながら、この高齢社会のなかで、しかも老人たちにとってはすこぶる居心地の悪くなったこの世の中で、私たちはいかに長い老いの身を処していけばよいのかを、これから老いを迎える私自身はもとより、その後に続く団塊の世代の人たちにも深く関わる問題として、あらためて考えてみたいと思う。

一　東京団地暮色

喧騒のなかの異界

■古い大きな団地

お馴染みフーテンの寅さんの故郷柴又は、葛飾区でも東のはずれの静かな江戸川べりにあるが、私が来ているのは江戸川からかなり内側に入った区の中心部、区役所や区民ホールなどにも近い人口密集地域である。

映画にもよく出てくる京成電車が、ここでは見上げるように高い高架の上を轟音を響かせながら走り、また駅前に広がる繁華な商店街や飲食街では、銀行、スーパー、パチンコ屋、それにラーメン屋からたこ焼き売りの屋台まで、大小さまざまな店がひしめき合いながら商いを競っている。絶え間のない人や車の流れ、そして喧騒。さすがに大都市東京の下町らしく、地の底で何かが蠢《うごめ》いてでもいるかのような活気が感じられる。

さて、そんな喧騒のなかを、駅から伸びるバス通りに沿って五分ほど歩いて行くと、そこに突然ぽっかりと、まわりとはきわだって異質な雰囲気の一画が立ち現われる。日曜日の学校を思わせるやけにひっそりした空間。古い大きな団地である。

かたちばかりの小さな門柱が立つ入口があり、そこから団地のなかの街路に沿って長い桜の並木が続いている。春には毎年、満開の桜の下で賑やかに桜祭りが催されるということだが、私が取材で初めてこの団地を訪れたのは、昭和も終りに近づいたある年の初夏。花見の時季もとうに過ぎて、枝を大きく広げた桜の古木が濃い緑の葉を幾重にも生い茂らせて、街路全体をすっぽりと覆っていた。

街路の両側にはコンクリート製の四角い箱型の建物がずらりと立ち並んでいる。この団地の居住棟だ。どれも四階建ての同じ高さで、前面には各戸ごとに区切られた狭いベランダが、後側には各戸に通じる階段が、各階二戸つごう八戸に一つの割でついている。壁に書かれた棟の番号によってかろうじて区別することのできるそんなよく似たかたちの建物が、全部でおよそ四、五〇棟ほどもあるだろうか。比較的広くあいた棟と棟の間には植え込みがしつらえられていて、住人のだれかが熱心に世話しているのだろう、手入れの行き届いた庭木や色とりどりの美しい花なども垣間見えて、静かなたたずまいの団地により一層の落ちつきを与えている。

■高齢化率は五割を超える

しかし、この団地もつくられてからすでに三十年以上も経つ、東京ではもっとも古い団地の一つである。

それだけに、建物の老朽化はいかんとも隠しようがなく、本来なら明るい黄色だったはずの外壁は長年の風雨にさらされて醜い黄土色に色あせ、また各戸に通じるコンクリートの階段も、よく見ると真ん中の通り道の部分だけがすり減って深い窪みができているなど、過ぎ去った歳月の長さを物語っている。

歳月を経て古くなったのは、むろん建物ばかりではない。そこに住む人も同様で、団地のなかを歩くとやたら目に入ってくるのが老人たちの姿である。

街路を行き交う人も、階段の上がり口で立ち話をする人も、またベランダで干しものをする人も、その多くが七十から八十がらみ、なかには九十代とおぼしき人もまじっている。歳のせいか彼らの動きはどことなくスローモーで、団地の内と外とでは生活のテンポが一つも二つも違っているように感じられた。

取材に先立って、私は団地の家族や高齢化の様子を大づかみに知るために、この地区担当の民生委員さんと会っていろいろ話を聞いてみた。

彼によれば、団地に住む総数一千世帯あまりのうち、六十五歳以上の老人だけで暮らす世帯が、夫婦二人暮らしと一人暮らしとを合わせると三百五十から四百にものぼるというから、やはりかなりの割合である。加えて、四十あるいは五十過ぎの未婚の子どもと暮らす老人たちも少なくないということなので、それらも含めると団地の人口に占める老人たちの割合、つまり団地の高齢化率はゆうに五割を超えて、東京はおろか全国平均をもはるかに上回る高さになるようだ。団地のなかで老人たちの姿がやたら目についたのも無理はない。

青戸団地の位置

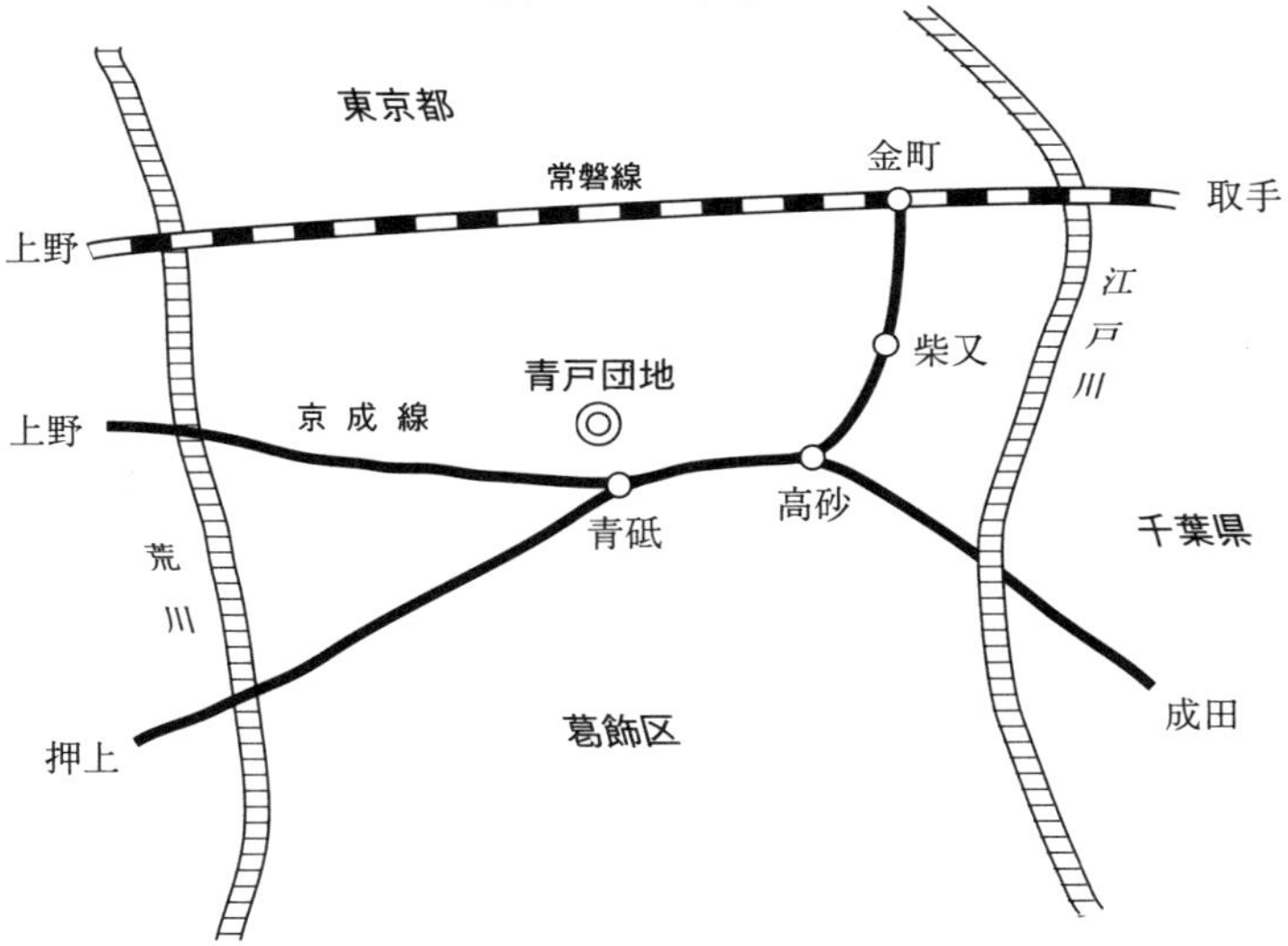

　ところで、若者たちで溢れ返っているように見える東京のような大都市でも、いま老人たちの割合が著しく高い、いわゆる老人コミュニティが急激に増えつつある。

　この団地と同じ年代に建てられた古い団地はもとより、山の手の古い住宅地や下町の商工業地にも老人ばかりのコミュニティが目につくようになったし、さらにはその後つくられた数多くのマンションやニュータウンのようなところでも、すでにその一部では老人コミュニティの様相を呈するところが現われ始めているようである。わが国の高齢化が一段と進んで、その目に見える兆候がいまや大都市にも広く及んできたことを示すものといえるだろう。

しかし、そうはいうものの、この団地のように一つところにこれだけたくさんの老人たちが、しかもこれほどの高い密度で集まっているコミュニティは、東京といえどもそれほど多くないはずである。その意味でこの団地は、大都市東京でも有数の老人コミュニティといってよいのだが、団地の正式な名前は公団青戸団地という。

■団地族と呼ばれたころ

ちょっと時代を振り返ってみれば、この団地もむろんはなから老人コミュニティだったわけではない。青戸団地を含めて日本に初めて団地なるものがつくられたのは、昭和三十年代の初頭のこと。そして当時の団地といえば、むしろ東京ではもっとも華やいだ、もっとも活気のある場所の一つだった。

戦後の混乱がひと区切りついて将来に向けての新しい生活が模索されるなか、新築なった団地は当時としては珍しい、ダイニングキッチンや内風呂、水洗トイレなどがついた超モダンな住宅として世間の注目を集め、都内や近県から文字通り若い働き盛りの家族がつぎつぎと入居してきた。

憧れの二ＤＫ。いまはもう当たり前になった「寝食分離」や「親子分離」のライフスタルが庶民の間に初めて定着したのが、ほかならぬ当時の団地からだったといわれる。つまり、それまではどこの家でも一緒くただった寝室と食事をする部屋とがはっきりと区別され、また親と子どもの部屋もそれぞれ分離されるという、機能的でかつ家族のプライバシーを配慮した生活空間が小さな二ＤＫによってまがりなりにも実現したわけだ。日本の住居史上、画期的なことだったといわれる。

もっとも、庶民向けにつくられた団地といえども、家賃が五千円、月収はその六倍が必要とされた入居資格は、そのころの日本人の平均的な所得水準からするとなかなか厳しい注文で、だれもがそう簡単には入居できなかった。それゆえ入居者は、庶民のなかでも経済的にある程度恵まれたいわばエリート。社宅に入れなかった大企業のサラリーマン、自営の商工業者、それに共稼ぎの教師などが多かったといわれる。

覚えている人も多いと思うが、当時「団地族」なる言葉が大はやりしたものだが、そこには団地での新しい暮らしにたいする人びとの憧れの気持ちとともに、団地に入居できたそんな新しいエリート階層にたいする羨望ややっかみの気持ちもかなり含まれていたのではないかと思う。

蛇足ながら、私自身は団地というものに住んだことがないので、当時の様子を詳しくは知らないのだが、ただ小さいころ、ちょうどこの青戸団地に入居していた小学校の担任の先生を同級生と一緒に訪ねて、団地の暮らしぶりの一端を垣間見たことがある。

バラック同然の粗末なあばら家に住んでいた私たちから見ると、新しい団地はまさにまばゆく光輝く別世界で、コンクリートづくりの大きな建物がずらりと並ぶ壮観さはもとより、高いところからはるか下界を見下ろしながらの生活、白いビニールクロスのかかったテーブルでの洒落た食事風景などに、訪問者一同大いに目を見張らされ、自分もいつかは偉くなってこんなところに住んでみたいと子ども心に思ったことを、私はいまでもはっきり覚えている。

■高度成長を担ってきたが

団地ができてしばらくして、日本はいよいよ本格的な高度成長の時代。昭和三十九年の東京オリンピックは、そんな時代を象徴する一大イベントだ。そしてそのめざましい経済発展の一翼を担ったのが、やはり彼ら働き盛りの団地族だった。

青戸団地の朝。団地から駅までの道筋に延々と通勤者の長い列ができる。みな紺の背広やカラフルなスーツに身をつつんで、さっそうと都心の職場へ向かう。駅では、当時まだ地上を走っていた電車の踏切で足止めされた人たちが、遮断器が開くと同時にわれ先にとホームめがけて走っていく。

そんな出勤のあわただしさがひとしきり終わると、こんどは大勢の子どもたちが大声を張り上げながら団地から飛び出してくる。近くの学校に登校する小学生や中学生の群れだ。とにかく当時は子どもの数がやたらと多かった。団地のなかからも、敷地の一角につくられた保育所で遊ぶ子どもたちの甲高い声が響いてくる。

また、大量消費時代の波が団地にも押し寄せ、三種の神器と呼ばれたテレビ、洗濯機、冷蔵

昭和三十年代初頭に建てられた公団青戸団地。昭和の時代が終りかけるころには、建物の老朽化と住人たちの高齢化が著しく進んだ。

庫などの家庭電化製品が二DKにところ狭しと溢れ返ったのも、ちょうどそのころのことだ。

　団地の住人たちはだれよりも流行に敏感で、新しい商品や風俗はまずどこよりも早く団地ではやり始めた。団地ではやったものは早晩全国にまで行き渡る。大量消費の波が団地に押し寄せたというより、むしろさまざまな商品や風俗の流行が、団地を発信源にして全国津々浦々にまで伝えられたといったほうがよいかもしれない。

「季節の変わり目や何か新しいものがはやり始めた時などには、新聞やテレビがうるさいくらい取材にきたものだ。とにかく団地に来さえすれば、時節に合った写真や気のきいた談話が取れたからだろうね」

　昔のこともよく知るくだんの民生委員さんが、懐かしそうにそう教えてくれた。

しかし、もとよりそんな輝かしい時期はいつまでも続かない。団地の華やかな活気も住人たちの若さも、時の流れには抗《あらが》えない。その後十年、二十年と時が経るにしたがって、団地の様子は大きく変わっていった。

かってあれほど人々を羨《うらや》ませたモダンな二DKは、しだいに老朽化が目立つようになり、わが国の住宅事情全体がまがりなりにも改善されていくにしたがって、逆に古い住宅、狭い住宅の代名詞になっていった。そして当然のことながら、団地の住人たちも働き盛りを過ぎ、子育ても終え、ついには人生のラストステージ、老いの時を迎えることになったのである。

醜く変色した壁の色、すり減ったコンクリートの階段、そしてやたら目につくスローモーな老人たち。いまはもう来ることもなくなった新聞やテレビになり代わって取材に訪れた私が、団地の内と外との雰囲気の違いに何やら違和感を覚え、失礼ながらも東京有数の老人コミュニティなどと揶揄《やゆ》した団地のわびしい光景は、まさしくその最後に行き着いたところにほかならない。

負け残りの老後

■高い家賃と子だくさん

桜並木の街路に沿って歩いていくと、団地のほぼ中央にコンクリート製の高い塔がそびえているのが見える。この団地の昔からのシンボル、給水塔だ。

「いまや私も、団地のぬしだよ」と苦笑する菊池文男さんは、すでに八十代。同じく少し前に八十を超えたばかりの妻の春江さんと二人で、この給水塔の裏側にある奥まった棟の二階に住んでいる。

招き入れられた二ＤＫは、かって私が小学校の先生を訪ねた時の記憶とは違って、建物の外観同様にかなり痛んで薄汚れ、何よりたいへん狭くなっているのに驚かされた。別に部屋の大きさが変わったわけではないから、時の経過が私の目のほうを変えてしまったに違いない。

菊池さんは東京生まれで、現役のころには長いこと製本の仕事に携わってきた。初めは製本会社に勤め、その後、そこで身につけた技術をもとに自ら製本業経営を興した。従業員五人ほどの小さな会社だったが、堅実な経営で長く続いたそうだ。

菊池さん夫婦が青戸団地に入居したのは、団地ができてすぐの昭和三十一年。まさに団地族第一号である。

「私の収入だけでは入居資格に届かなかったので、働き始めたばかりの長男の収入と合わせて、やっとのことで入居できたんだ。もっとも、そういう収入の辻褄合わせで入居したのはうちだけではなくて、まわりにもたくさんいたようだがね」と菊池さん。

妻の春江さんも、「入居したものの、家賃が高くて家計のやり繰りには随分と苦労させられました。団地の入居者がエリートだったなんてとんでもありませんよ」と相づちをうつ。

菊池さん夫婦はまた子だくさんだった。男二人女四人のつごう六人。いわゆる多産少死の時代に生まれ育った子どもたちである。

大人数の家族ゆえに部屋の狭さには閉口したようで、団地に来る前に住んでいた借家と比べれば少しはましになったものの、それでも空いているスペースは天井の高さまで目一杯使ったそうだし、ダイニングキッチンは食事だけでなく、子どもたちの勉強部屋や寝室としても兼用したという。二DKをつくった人がいくら「寝食分離」などと自慢しても、現実にはとてもそんな思惑通りにはいかなかったわけだ。

そして、子だくさんの苦労は、むしろその後。時あたかも進学率が急激に上昇するご時世で、六人の子どもたちを、男の子二人は大学まで、女の子は高校まで出してやったのだから、所得倍増による豊かな社会が実現しつつあるなかとはいえ、親の経済的負担はさぞかしたいへんなものだったと思う。

「最後の四女が学校を出るまでは、働きづめの毎日。文字通り貧乏暇なしの寝る間もない忙しさだった」と、菊池さん夫婦は口を合わせて振り返るが、人生の大半をわき目もふらず馬車馬のように働き続けてきた彼らの刻苦勉励《こっくべんれい》ぶりがうかがえるというものである。もっとも、それは団地の住人たちに限った話ではなく、当時の同じ世代のほとんどに共通することだったのだろう。

■甲斐性がなかったというが

ところで、菊池さん夫婦は初めから団地で老後を過ごそうと思っていたわけではなかった。「一生賃貸の団地暮らしのままなんて、あまりほめられた話ではなかったからね」というように、彼らも働き盛りのころには、いずれ折りをみて団地を抜け出そうと考えたこともあった。

よく知られているように、当時の大都市の家族には、住居住み替えのモデルコースなるものがあった。ライフサイクルの進行に合わせて、まずは三畳か四畳半の借間から新婚生活をスタートし、子どもができたら、六畳に台所のついたいわゆる木賃アパートに移り、ついで収入がある程度の水準になったら、青戸団地のような公団の団地に入り、さらにそこでお金を貯めて、最後は庭付き一戸建ての持家に至るというコースである。この上向きの階梯《かいてい》を一歩一歩着実に這い上っていくことが、勤め先で係長、課長、部長と昇進していくのと同様に、彼らの理想の出世コースだった。

そんな雰囲気のなか、青戸団地でも菊池さん夫婦も含めて住人の多くが、というより住人のほとんどが、最後の上がりである自分の持家をぜがひでも手に入れたいと望んでいた。同じ棟のだれが先に家を買って団地を出ていくか、住人同士の競争意識やライバル意識もかなり激しいものがあったという。高い家賃や子どもの教育費に悩まされながらも、何とか他人より早く持家のための頭金を貯めようと、だれもが懸命に励んだわけだ。それもまた、この世代の刻苦勉励の原動力だったに違いない。

　しかし、競争には勝ち負けがつきもの。結果として、住人たちのそれぞれは、めでたく持家を手に入れて団地を出ていった団地脱出組と、残念ながらさまざまな事情で持家を得るに至らず、そのまま団地に住み続けることになった団地残留組とに色分けされることになった。住人の意識に即していえば、勝ち組と負け組。

　当の菊池さん夫婦はどうだったかというと、残念ながら彼らは結局家を買うことができなかった。日々の暮らしと六人の子どもを育て上げるだけで精一杯で、ついにまとまった頭金が貯まらずに持家取得を断念、そのまま老後のいまに至るまで団地に住み続けることになったのである。不本意ながら、負け組に入ってしまったわけだ。

「家を買う代わりに子どもの将来に投資したんだと、自分にはいい聞かせてきたけれども、しょせんは負け犬のいいわけだろうね。こんな歳までぐずぐず団地に残っているのは、結局甲斐性《かいしょう》がなかったということだ」

　菊池さんは自嘲ぎみにそういうが、負け組に入ってしまったのは、あながち甲斐性のせいばかりではないだろう。慰めをいうわけではないが、菊池さん夫婦も含めて負け組それぞれの家族には、子だくさんなど団地を抜け出せなかったそれなりのやむをえない事情があったのだろうし、さらには、変化の激しいこの時代にあっては、つきや運のあるなしによるところも大きかったのではないかと思う。

■あんな不運がなければ

そのほかの負け組事情もいくつか紹介しておくと、園川潤三さんと満子さんの夫婦も、菊池さん夫婦と同時期に青戸団地に入居した団地族第一号で、いまはともに七十代の半ば。彼らも菊池さん夫婦と同様に五人の子だくさんで、やはり子育てに追われて持家に手が届かなかった口である。

園川さんはいう。「私だって、残業に精を出したり家計を切り詰めたりと、とにかく早く頭金を貯めようと懸命に頑張ったよ。でも悔しいことに、ある程度お金が貯まると家の値段はもうそれ以上に上がっている、また貯めるとさらにそれ以上に上がっているといういたちごっこで、結局持家にまで手が届かず団地を出そこなってしまったんだ」。

彼らは子育ての苦労とともに、そのころからにわかに激しくなった不動産の値上がりにも悩まされたようだ。

加藤修平さんと富子さんの夫婦の場合は、途中思わぬアクシデントに見舞われて泣く泣く持家を断念した不運なケースである。二人とも、つい先ごろ六十五を越えて老人たちの仲間入りしたばかりだが、この団地では珍しく、九十近い修平さんの母親と二DKに一緒に住んでいる。

老後は一戸建ての広い家に住み、できればそこで子ども夫婦と同居して暮らしたいと考えていた加藤さん夫婦。狭い二DKで我慢してもらっていた母親に、せめて死ぬ前の何年かだけでも庭のあるゆったりした家でのんびり過ごさせてやりたいという思いもあって、団地のなかではほかのだれよりも強く持家の取得を望んでいた。

しかし、そんな望みとは裏腹に、夫の修平さんが働き盛りに内臓を悪くして大きな手術を三度も受けるはめになり、さらに追い打ちをかけるように、勤め先の会社が倒産して転職を余儀なくされるという不運も重なって、結局家を買うことなどはかない夢に終わってしまったのである。

いまどき珍しく親孝行な二人の男の子が、「一緒に住める家さえあれば、結婚後も祖母や両親と同居してもいい」といってくれていただけに、夫婦ともども「あんなことさえなければ、いまごろは母と私たち、それに子どもと孫の四世代で賑やかに過ごせていたかもしれないのに」と嘆く。当時の不運をまだ恨めしく感じているようだ。

■子どもたちと別れて

かつては、「団地族」とひとくくりに呼ばれた住人たちも、いまは団地脱出組と団地残留組、あるいは勝ち組と負け組とに大きく二分された。いくつかの棟で聞いた話から推計すると、当初の入居者のうちのおおむね半分が勝ち組としてすでに団地を離れ、残り半分が負け組としていまも団地に住み続けているとのことだ。

ところで負け残った人たちの老後だが、その選択肢はおのずと限られることとなった。たとえば、彼らが仮りに望んだとしても、老後を子ども夫婦や孫と同居して暮らすことはできなかった。団地の狭い二ＤＫに住み続けているかぎり、三世代同居など物理的に不可能だったからである。

ちなみに少しばかり理屈をいわせてもらうと、この時期、大都市を中心に家族構造の変化が著しく進んだ。それまで日本では一般的だった三世代同居が減って、代わりに親と未婚の子どもからなるいわゆる核家族が著しく増えたのだが、その理由としてしばしば、日本人の家族にたいする考え方が大きく変化したことが指摘される。つまり、親子という縦の関係より、夫婦という横の関係を大事にする新しい家族意識の台頭が、三世代同居を駆逐して核家族を急増させたというわけだ。とりわけ意識の進んだ大都市の家族が、その先導役を果たしたともいわれる。

むろん、それも大きな理由だったには違いない。しかし、青戸団地の事情を見るかぎり、理由はそれだけとは思えない。

「いくら子ども夫婦と同居したくとも、また、いくら子ども夫婦が同居に同意してくれても、現実に同居できる広さの家がなければ諦めるしかなかった」と嘆く人が、加藤さん夫婦をはじめとして少なからずいたことからもわかるように、団地の狭い二ＤＫに象徴される大都市の貧弱な住宅事情が三世代同居の実現を難しくし、結果として核家族化の進展をよりドラスティックなものにしたという事実も無視できないのではないかと思う。

いいかえるなら、大都市の住宅事情がもう少し良好だったならば、家族構造の変化があったとしても、その変化のスピードはもう少しゆっくりと穏やかなものになっていたのだろうし、もしそうであったなら、いまの老人たちの暮らしぶりや身の処し方なども もう少し違ったものになっていたのではないだろうか。

いずれにしても、狭い二DKでの三世代同居など考えられないのだから、団地の子どもたちは結婚すると同時にだれもが例外なく親元から離れていった。菊池さん夫婦の六人の子どもたちも、園川さん夫婦の五人の子どもたちも、そして加藤さん夫婦の二人の男の子も、それぞれ自分が選んだ伴侶とともに、都内各地や埼玉、千葉などの近県に新居を求めてさっさと移っていった。結果として、子どものいなくなった二DKには、菊池さん夫婦をはじめ老いた親たちだけが残されて長い老後を過ごすことになったのだが、いまも団地に住んでいるからといって、彼らが「団地族」と呼ばれることはもうない。

後家さんたちの選択

■迷った末の一人暮らし

団地の入口を入ってすぐ目の前に立つ棟の一階にある二DK。玄関の扉、部屋の壁や床などはやはり相当痛んでいるが、部屋のなかの調度やキッチンなどは意外ときれいに整頓されている。

「年寄りの一人暮らしといっても、私も一応は女ですから、部屋のなかくらいはきちんとしておきませんとね」

応対してくれたのは、津村照子さん。七十を少し越えたばかり。小柄な身体つきだが、顔色はよくいたって健康そうだ。

子どもに巣立たれた夫婦に、つぎに訪れるのは連れ合いの死である。ふつうは夫のほうが歳上で、しかも男は女より寿命が短いから、夫が先に死んで妻が後に残されるケースが多くなる。

さて、夫婦二人が揃っていた時にはとくに考えなかった人も、夫を亡くして一人身の後家さんになってみれば、その後の自分の身の振り方をどうするか、あらためて選択を迫られることになる。一人になったのをしおに子どものところへ引き取られるのか、はたまた一人だけでこれまで通り団地に住み続けるのか。

津村さんもまた、先の菊池さん夫婦や園川さん夫婦と同じように子だくさんで、六人の子どもを生み育ててきた。

「つくり方は知っていても、やめ方を知らなかったんですよ」と、彼女は冗談めかして笑う。やはり子育てには苦労し、子どもたちにも十分な教育を受けさせてやる余裕はなかったが、それでも家計をやり繰りしながら全員を高校まで出した。

津村さんはまた、夫にも苦労したようだ。彼女の夫はかって鉄工所を手広く経営していたのだが、親から家業を引き継いだ二代目のつね、甘い経営を続けたために多額の負債を抱えて倒産。その後慣れない勤めに出たものの、仕事に身が入らなかったのか酒に溺れてしまったのである。酒量が多いうえに酒癖も悪かったそうで、「毎晩はしご酒で帰ってきてはあたりはばからずわめき散らすものですから、その大声が団地じゅうに響き渡ってとても恥ずかしい思いをさせられました」と、津村さんは当時を思い出しながら情けなさそうにいう。

子育てに追われながら身勝手な夫に仕えるというのは、この世代の女性たちに共通した身上話。津村さんもまさにその通りで、彼女は子どもたちの成長を楽しみにどうにかそれを乗り切ってきた。

「親の血を引いて大酒飲みになる子もいるのではないかと心配していたのですが、どうにか慎んでいるようです。おかげで、それぞれよい仕事とよい伴侶に恵まれました」

子育ての結果には満足しているようだ。そして、子どもたちがみな巣立っていってからの津村さんは、しばらく夫と二人だけの団地暮らしを続けてきたが、四十年近く連れ添ったその夫も数年前に亡くなり、彼女はとうとう一人になった。

さて、後家さんの仲間入りした津村さんだが、その後の身の振り方をどうするか、やはり大いに迷ったそうだ。

「住み慣れた団地とはいえ、一人きりになった時にはさすがに心細くなりましてね。子どものところへ行こうかどうしようか、とても迷いました。ちょうど千葉のほうに自分の家を建てていた長男が、お母さんの部屋を用意するから団地を引き払ってきたらどうかと声をかけてくれたりしたので、いっそう心が揺らぎました」

加えて、田舎の実家や親戚筋からも、年寄りの一人暮らし、ましてや女の一人暮らしなど物騒だ、それに何かと世間体も悪い、長男夫婦のところに行って同居したほうがいいというようなことをそれとなくいわれて、それもけっこう気になったという。

しかし、迷ったものの結局、津村さんは、これまで通り団地に住み続ける途を選んだ。

「同居すれば、私も子どもの家族に何かと気をつかわなければなりませんし、向こうにもいらぬ気をつかわせて迷惑にかけることになるでしょう。せっかく身軽になったのに、また家族のことであれこれ苦労するのもいやだと思いましてね。年金がそこそこ貰えますし、さいわい体もまだ丈夫だったので、一人で気楽に暮らすほうを選びました」

彼女の一人暮らし選択の弁だ。最後は周囲の雑音に惑わされることなく、自分自身の意思ですっぱりと決断したそうだ。長男からのありがたい申し出は、気持ちだけ受け取って丁重《ていちょう》に辞退した。

■これさいわいや泣く泣くも

そのほかの後家さんたちについても、一人暮らしになるいきさつを簡単に紹介しておくと、長いこと経理事務の仕事で夫と共稼ぎをしながら四人の子どもを育て上げ、十年ほど前に夫を亡くした酒井テイさんや、やはり苦労して六人の子どもを育て上げ、三年前に夫に先立たれた小倉睦子さんなどは、津村さんよりはもう少し積極的に一人暮らしを選んだ口である。

八十を越えたばかりの酒井さんはいう。

「夫に死なれて一人になっても、子どものところに身を寄せようなんてまったく考えませんでした。私から見ると、子どもはいつまでたっても未熟な子どものまま。頼り甲斐がなくて、とても一緒に暮らす気になんかなりませんでしたからね」

彼女の場合、なぜか長男の嫁との相性が「結婚して以来、一度も電話をかけ合ったことがない」というほど悪かったことも、一人暮らしを選択した大きな理由だったようだが、おそらくそれ以上に、長らくの共稼ぎなどで身につけた彼女の自立心が、子ども夫婦と同居しようとする気をはなから起こさせなかったようだ。

また七十代の半ばになる小倉さんも、「もし私が先に死んで夫が後に残されたら、夫は家のことが何一つできない人だったので、子どものところに引き取られたのでしょうが、うまい具合に私のほうが残ったので、これさいわいと喜んで一人暮らしをすることにしました」と、さらりという。

「泊まりがけで子どもの家を訪ねた時なんかに、石鹸や歯ブラシがどこにあるかわからないで、嫁にいちいち聞かなければならない煩わしさを感じるってことがよくあるでしょう。そんな不自由で気の疲れる暮らしよりも、一人で好き勝手に暮らす方がどんなに気が楽かわかりませんよ」

酒井さんにしても、またこの小倉さんにしても、いかにも自立心や生活力が旺盛そうで、そんな彼女たちにとって団地での一人暮らしは、ごく当たり前の選択、ごく自然な選択だったようだ。

しかし、酒井さんや小倉さんなどとは対照的に、やむをえない事情で望みもしない一人暮らしを余儀なくされた後家さんもいる。たとえば、いま七十代の半ばになる染谷キクさんなどもその一人である。

子どもたちが団地を巣立っていった後、染谷さんは夫と二人で暮らしていたのだが、その夫をガンで亡くしたのは八年ほど前のこと。不運は重なるもので、夫を看取ってまもなく、染谷さん自身も乳ガンを患ってしまったのである。さいわい早期発見で手術もうまくいったため、医者から再発のおそれは少ないと保証されたものの、夫を亡くし、すぐまた自分も同じ病気に取りつかれるというダブルパンチに見舞われて、彼女はすっかり意気消沈してしまった。

「やっと退院して団地に帰ってきても、何もする気が起きませんでした。いま思い出そうとしても、そのころ自分が毎日どこで何をしていたか、よく覚えていないんですよ」と、染谷さんは落ち込んで混乱したその時の気持ちをそう話す。老後のとば口に立ち、これから夫婦でのんびり暮らそうとしていた矢先のことだけに、それらの出来事は彼女にとって相当なショックだったようだ。

そんな精神状態では、染谷さんが団地で一人暮らしをしていくことなど、とうてい無理な話である。弱気になった彼女が、団地を引き払い長男夫婦のところに身を寄せて、面倒をみてもらおうと強く思うようになったのは当然の成り行きだろう。しかし、彼女のそんな思いにもかかわらず、残念ながら子どもとの同居は果たすことができなかった。これもまた不運といえるのだろうが、海外勤務など転勤の多いことを理由に、長男夫婦が彼女を引き取るのを断ってきたからである。

「ふだんは親のことなんか考えていない子どもでも、親が本当に困った時には、何をさしおいても助けてくれるものだと信じていたんですよ。でも、その子どもが肝心のときに何の役にも立たなかったのですから、とても情けなかったですね」

染谷さんにとっては、密かに信じていた子どもに裏切られたような思いだったに違いない。そんなことで染谷さんは、将来への不安な気持ちを抱えながらも、やむなく団地での一人暮らしをすることになったのである。

■自立的な一人暮らしの先駆け

夫を亡くした後家さんたちの身の振り方はさまざまで、子どものところに引き取られた人もかなりいたのではないか。じつは取材前、私はそんな予想をしていたのだが、いろいろ聞いてまわったところでは私の予想は大はずれで、団地を引き払って子どものところに移り住んだ人は全体のせいぜい一割ほどにとどまり、ほとんどの後家さんたちが、夫を亡くした後もそのまま一人で団地に住み続ける途を選んだのである。

ちなみに、自治会で見せてもらった団地の世帯名簿のなかから、後家さんの一人暮らしと思われる女性名の世帯主だけをピックアップしてみると、全部で百二十人近くにもなる。やはりかなりの数で、彼女たちの身の振り方の特徴をはっきりと示している。団地のまわりに住む口の悪い連中が、この団地のことを影で「後家さん団地」などと呼ぶのも道理なのである。

さて、そんな後家さんたちの一人暮らしに至るまでのいきさつについては、すでに紹介したようにかなりさまざまで、必ずしもすんなりと一人暮らしになった人ばかりではなかった。

「私も迷いましたが、まわりでよく耳にしたのは、自分の育てた子どもが同居することを承知してくれたのでその気になったら、お嫁さんに猛反対されたというケースですね。そんな時は、子ども夫婦の仲を悪くしてまで同居するのは考えものと、親のほうが気をきかせて自分から身を引いてしまったようです」

これは津村さんから聞いた同じ棟のなかの内輪話だが、長男からの同居の誘いを断って一人暮らしを選択した津村さんも、あるいはこんな話に少しは影響を受けたのかもしれない。

また、子ども夫婦が家をたてるとき、いずれその家に同居させてもらうことに含みを持たせて多額の資金援助をしてやったのに、夫に先立たれて一人になった後家さんがいざ同居させてほしいと頼んだところ、子ども夫婦から何のかんのと取るに足らない理由をつけて冷たく断られたといった話も、団地のなかで広くささやかれている噂話として私の耳に入ってきた。

いまの世の中、たとえ親が望んだところで、子ども夫婦にその気がなければ同居などできるものではない。主導権はあくまで子ども夫婦の側にあり、親はいくら自分の意に沿わなかろうと黙ってそれに従わざるをえない。それは同居の問題にかぎらず、そのほかのさまざまな問題についてもいえるようだ。

しかし、そんな意に反して一人暮らしを余儀なくされた人もいたものの、団地全体を見まわしてみるとやはり圧倒的に多かったのは、酒井さんや小倉さんのような自らの意思で積極的に一人暮らしを選んだ後家さんたちである。夫を亡くした団地の後家さんたちのもっとも一般的な身の処し方が、それだったといってよいだろう。

「一人暮らしは当たり前」あるいは「一人暮らしのほうが気が楽」など、酒井さんや小倉さんをはじめ団地の後家さんたちの多くが無造作に口にするそんな言葉を聞いていると、大都市の団地で長く暮らし続けて、人一倍豊かな自立心や生活力を身につけた女性たちの考え方や身の処し方はさすがに違うなと、私は大いに感心させられた。

夫を亡くしたあとも、子どもなどに頼らず一人で自立して暮らしていくという、その後日本の後家さんたちにとってごく当たり前になった身の処し方の先駆けをなしたのが、まさに彼女たちだったといってよいかもしれない。

リタイアメント日和

■子どものいない広場で

駅では、もう朝の通勤ラッシュも終わったころだろうか。

団地の一角にある小さな広場では、男女十人ほどの老人たちがトレーニングウェアにゼッケンというお馴染みのいでたちでゲートボールに興じている。みなあまりむだ口もきかず、黙々とプレーに熱中している。時おり「コーン」という小気味のいい打球の音だけが、周囲の居住棟の壁を伝って遠くまで響いていく。

老人たちがいる広場は、もともとは団地の子どもたちの遊び場だったところ。かってそこでは、狭い二DKから溢れ出た大勢の子どもたちが、男の子はカン蹴りに女の子はゴム跳びにと、黄色い歓声を張り上げながら夢中になって遊びまわっていたに違いない。しかし、いまの広場にはそんな子どもの姿はなく、代わりに団地に住む老人たちが思い思いに集まっては、日がな一日をのんびりと過ごす格好の溜まり場になっている。早朝のラジオ体操、陽が昇ってからはベンチに座っての甲羅干し《こうらぼ》し、気の合った仲間同士のおしゃべり、そしてゲートボールにと。

家が買えずに悔しい思いをしたあの菊池さんも、広場でのゲートボールの常連である。雨さえ降っていなければほとんど毎日のように広場に顔を出し、仲間とともに二、三時間ほど汗を流す。

「仕事に行く代わりにこの広場に通うようになってから、もうずいぶん経つねえ。おかげでだいぶ腕をあげたよ」

ゲームを終えた菊池さんが、スティック片手にベンチに腰を下ろしながら、少しばかり自慢げな口調でいう。

「毎日々々ボールを叩いていれば、だれだってうまくなるさ」

隣に座った仲間の一人が皮肉っぽくまぜかえす。やはり家を買えずに団地に住み続けてきた園川さんだ。

親しい仲間からの遠慮のない皮肉に、菊池さんは苦笑いしながらも、「気のおけない仲間と一緒に好きなことをしているのが、何といっても一番だね」と、いかにもくつろいで楽しげな様子である。

■開き直って「毎日が日曜日」

菊池さんが、体力的にきつくなって仕事をやめたのは、もう十年近くも前のこと。自分で興した小さな製本会社は、子どもたちがだれも跡を継がなかったため、未練を残しながらも知り合いの者にそっくり譲った。

「仕事をやめたら、途端に何もすることがなくなってね。昔のように子どもが家業を継いでくれていれば、仕事のやり方にあれこれ口出しなんかして暇つぶしにもなったんだろうが、他人さまに譲ってしまったんではそうはいかないからね。男が仕事を離れて何もすることがなくなってしまうと、脱け殻みたいで何ともみじめなもんだよ」

初めは部屋でテレビとにらめっこの毎日。まる一日外に出ない日もあった。それでは退屈だろうと勧める人がいてゲートボールを始めてはみたものの、急に年寄りじみた気分になったり、何より朝からぶらぶら遊んでいるというのがひどく落ち着かない。しばらくはまわりの目が気になって、とてもゲームを楽しむどころではなかったそうだ。

「脱け殻みたいになったのは、あんただけじゃないよ」

やはり、長く勤めていた会社を八年ほど前に定年でやめた園川さんが、ここでも口をはさむ。

「私も退職してしばらくは、毎日何をすればいいのかわからなくて往生した。さして必要もないのにあれこれ用事をつくっては、わざわざ都心の会社の近くまで出かけて行ってね。喫茶店で昔の仕事仲間と会ってとりとめのない世間話なんかしながら、だらだら時間をつぶしたものだよ」

菊池さんにしても園川さんにしても、仕事や会社を生き甲斐にしてきた、もっとはっきりいえば、仕事や会社にしか生き甲斐を見い出せなかった古いタイプの男たち。できるかぎり早くリタイアして、その後の人生を思う存分楽しみたいという欧米の人たちなどとは対照的に、できれば死ぬまでずっと仕事や会社にしがみついていたかったという仕事人間、会社人間の男たちだ。加えていまは、かっての楽隠居のような、社会的に広く認められた確固とした老いの身の処し方が失われてしまった時代である。

そんななかで、ある日突然、唯一の拠りどころだった仕事や会社から切り離されてしまったのだから、彼らがその後何をしたらいいのかわからなくなり、あげく、傍から見ればいかにも間が抜けたような行動をとらざるをえなかったのも、無理からぬことだったといえるだろう。

そんな彼らにたいして、「それだから仕事人間や会社人間は駄目なんだ」とか「仕事や会社以外に何か熱中できる生き甲斐を持たなければ」などと苦言を呈する人もいるかもしれないが、考えてみれば現役時代の彼らといえば、家族のため子どものためにわき目もふらずにただひたすら働くしかなかったのだ。自分の老後をどうするか、老後の生き甲斐をどうするかなどと、ゆっくり考えたり準備したりする暇などまったくなかったのである。その辺の事情も斟酌《しんしゃく》しないで、ただ仕事人間や会社人間は駄目だといいつのるのは、彼らにとってはいささか酷に過ぎるというものだろう。

しかし、いくら老後の準備や心構えができていなくとも、いざ現実に仕事や会社から切り離されてしまえば、彼らも好むと好まざるとにかかわらず、新しい状況に適応して生きていかなければならない。仕事はないが時間だけはあり余るほどある、当世風にいえば「毎日が日曜日」の暮らしに慣れていかなければならないのだ。

「そうはいっても、凡人にはそれがなかなかできなくてね」

仕事をやめてぶらぶらしている時の、何か気が抜けてしまったような虚ろな心境を思い出しながら、菊池さんはいう。

しかし、しばらくして、彼はふと思い直したという。

「仕事をしている時は、自分はその仕事を一生懸命やってきた。しかし、もう仕事とは縁が切れて時間がたっぷりできたんだから、今度はその時間をつぶすことに一生懸命になればいいんだと開き直ったら、すうっと気が楽になってきたんだ」

そういう菊池さんにたいして、傍らにいる園川さんも大きくうなずく。

「会社をやめたら会社への未練はさっさと捨てて、会社以外のところに仲間を作って楽しくやればいいんだと、しばらくしてようやく気づいたよ」

もっとも、二人が開き直ってそんな偉そうなことがいえる境地にまで達したのは、「しばらくしてから」とはいうものの、リタイアしてゆうに三、四年は経ってからのことだったようだ。

それからは二人ともゲートボールにも自然と身が入るようになり、互いに自慢できるほどまでめきめき腕を上げていったという。

■懐もつらい葬式

リタイアした老人たちの暮らしを支える糧は、いうまでもなく年金である。それと、団地の老人たちの場合、かって持家を買うために貯えていたお金や、結局持家を買わなかったのでローンの返済に充てる必要のない退職金などが、虎の子の貯金として残っていて、不時の出費にたいする備えになっている。

さて、その年金だが、彼らの貰う年金額は必ずしも十分とはいえないようだ。

これから年金を貰う世代に比べれば、いまの老人たちは比較的恵まれているといわれるが、それはあくまで相対的な話で、この国ではだれもが老後を年金で安心して暮らせるというには、まだまだほど遠い情況にある。またこの団地に限っていえば、かって公務員だったり、給料のよい大企業に長く勤めていた人ならそれなりの額の年金を貰えるのだろうが、そういう恵まれた人たちはすでにおおかたが持家を手に入れて団地を出てしまったので、いま団地に残っているのは、どちらかといえば年金が十分とはいえない人たちが多いのである。

他人の懐具合を細かく詮索して恐縮だが、たとえば、勤めた期間の短かった菊池さんのところでは、夫婦合わせた年金額は月に十五万円ほど、また園川さんのところでも月々十八万円ほどで、団地全体を見渡すと、このあたりが夫婦二人世帯のほぼ平均的な年金額だそうだが、何かと生活費がかさむ大都市では、それではなかなかゆとりある暮らしなどできない。

菊池さんのところでも園川さんのところでも、出費を切り詰めるだけ切り詰めても、毎月の収支はほぼトントン、病気で倒れた時や自分たちの葬式代のためにとってある貯金にだけは、かろうじて手をつけずにやっている状態だという。

それでも、夫婦二人が揃っているうちはまだよい。後家さんたちのように夫を亡くして一人暮らしになってしまうと、懐具合は急に厳しくなる。もらえる年金額は半分ほどに減ってしまうのに、毎月のかかりは一人になっても半分に減ることはないからだ。

何人かの後家さんたちから聞いたところでは、月々の年金収入はおおむね十万円程度、少ない人では七万円ほどしかなく、この限られた年金収入と手持ちの貯金を取り崩せる範囲内であれこれやり繰りしながら、どうにかこうにか日々の暮らしを維持しているとのことだった。

そんなことだから、万一彼らの身に何か起こった時、たとえばちょっと重い病気に罹って入院といったことにでもなれば、それこそ一大事である。一定額の費用で済む老人医療保険というありがたい制度があるとはいうものの、往々にして正規のかかり以外に、やれ差額ベッド代だ、付き添い料だと、いろいろ余分なものを支払わせられる。入院が長引いたりすれば、これがかなりの額になってしまって虎の子の貯金がみるまに減っていくことになる。

そしていま一つ、彼らの懐を日常的に脅かしているのが、団地のなかや親戚などとの冠婚葬祭のつきあいである。

「団地のなかで葬式が出ると聞くと、正直またかという気持ちになる」

菊池さんや園川さん、それに後家さんたちの多くが、はからずも口を揃えて訴える。

団地の住人の葬式とあれば、長くつきあってきた手前、ある程度の額の香典を出さなければならない。同じ棟に住んでいた人やとくに親しくしていた人の葬式であれば、それなりの額の香典を包まなければならない。そんな出費が、それでなくとも苦しいやり繰りの算段を大いに狂わせてしまうというわけだ。

「自分の葬式代が、他人の葬式で消えていく。葬式を出す家族をつらいだろうが、こちらの懐も同じくらいつらい。亡くなった人を悼むより先に、葬式代のことを気にかけなければならないんだから、何とも情けない話だよ」と、菊池さんが冗談めかしていっていたが、おそらくそれは団地の老人たちの多くに共通する本音だろう。そのつらく情けない葬式が、この五年ほどの間にめっきり増えたという。

■多額の貯金は保険代わり

私が青戸団地を訪れる少し前、団地のなかでちょっとした事件があった。年金暮らしの住人の一人が、金のペーパー商法とか何とかいう悪質な詐欺商法にひっかかって、貯金のなかから一千万円近い大金をだまし取られたというのだ。この団地のほかにも全国各地で老人たちの被害が相次ぎ、当時大きな社会問題になって新聞やテレビで連日派手に報道されたので、まだ覚えている人も多いと思う。

実の子どもになり代わって親孝行のふりをするなど、老人たちの弱みに巧みにつけ込んで金を巻き上げた詐欺師たちにたいする強い憤りの声、また逆に、被害を受けた老人たちにたいしても、うさん臭い金儲け話に安易に乗るほうが悪い、そっちこそ「欲ボケ」だといった非難など、この事件に関する世の中の反響はいろいろあったようだが、そのなかでもとりわけ私の印象に残ったことがある。

それは、被害者の多くが一千万から数千万円ものお金を貯め込んでいたことが明らかになったからだろう、いまの老人たちはけっこうリッチではないかという驚きの声がそこここから上がったことだ。

それまではだれもが、老人たちは経済的に恵まれないいわゆる経済的弱者であるという見方を漠然としてきたのであるが、そんな常識的見方に疑問が呈され、彼らはむしろ経済的に恵まれた階層なのではないかとする議論が公然といわれ出したのは、おそらくこの事件以来のことだと思う。かくいう私も、一千万円という被害額を聞いた時、その額の大きさと彼らのつましい年金暮らしとの落差に、少なからず面食らったものである。

しかし、本当に老人たちはリッチで経済的に恵まれているといえるのだろうか。たしかに貯金の額を見ればそういえるかもしれないが、そのことから直ちに、彼らの暮らしそのものがリッチで恵まれていると決めつけるのは、いささか早計だと私は思う。

なぜなら、いざというとき何も頼るもののない彼らにとって、貯金はそのいざというときのための備え、いわば保険にすぎないからである。彼らの貯金は、自分自身でリッチな暮らしをするためにはけっして使われていないのである。老人たちが死んだ後、驚くほど多額の貯金がそっくりそのまま残っていたといった話がよく聞かれるのも、そのことを示している。

彼らが詐欺商法に手を出したのも、おそらくお金を儲けて贅沢をしようと思ったわけではなく、いざというときの備えを少しでも増やしておきたいと考えたために違いない。日に日に目減りしていく貯金に不安を覚え、「銀行なんかに預けておいてもお金は増えませんよ」などというもっともらしい口車に乗せられて、ついついお金を差し出してしまったのだろう。

本当のリッチさとはおよそ縁遠いそんな彼らの切実な気持ちは、私にもそれなりに理解することができる。だからといって、詐欺師の口車にそうもやすやすと乗せられてしまったのは、何とも浅はかなことだったと思うのだが。

「とうてい他人事とは思えなかったよ。年寄りを平気でだます人間が増えたんだから、こっちもしっかり自衛しなければならないねえ」

いざというときに備えて、それぞれ虎の子の貯金を大事に抱えている団地の老人たちだが、運が悪ければ自分も同じ被害に遇っていたかもしれないだけに、この事件にはだれもが大いに身につまされたようだ。

■団地の老人たちの密かな自慢

世の老人たちにとって、老後の住宅の確保はもっとも切実な問題の一つである。住宅事情の悪い大都市で暮らす老人たちにとって、それはとりわけ悩ましい問題だといってよいかもしれない。

民間のアパートの狭くて日当たりの悪い部屋、それにもかかわらず驚くほど高い家賃、理不尽に要求される礼金や更新料。長く住んでいたアパートを、建て替えのために追い出されて途方に暮れる老人たちの話がしばしばテレビや新聞を賑わして、私たちの気持ちを暗くする。住宅の問題さえ解決できれば、大都市の老人問題の半分は解決したも同然といわれる。

さて、ほかにとりたてて自慢することもない青戸団地の老人たちだが、一つだけ、彼らが密かに自慢に思っていることがある。

それは、自分たちの住むこの団地が、意外にも住み心地がよいということである。古色蒼然とした外観、狭い二DK、傍目にはいかにも住み心地が悪そうに見える団地なのだが、そこに住む老人たちにとっては、これがけっこう住み心地がいいのである。

かって子どもをたくさん育てていたころ、二DKはいかにも狭くて暮らしにくかったに違いない。しかし、子どもに巣立たれて二人だけになった老夫婦にとっては、部屋の古ささえ我慢すれば、二DKはちょうどよい広さになる。一人暮らしの後家さんなら、十分すぎる広さといってよい。

加えて、この団地は生活上の利便がなかなかよい。初めにも紹介したように、青戸団地は二十三区内の繁華な市街地のなか、しかも駅に至近という恵まれた立地条件にある。そのため、買い物や病院通いなど、移動が難儀になった老人たちにとっては何かにつけて便利このうえないのである。

そして、それ以上に何にもまして魅力的なのが、この団地の家賃の安さである。入居時期によって多少の違いはあるのだが、現在の家賃はおおむね二万数千円ほど。民間の賃貸アパートであれば、六畳一間分の賃料にも満たない額だ。入居した当初あれほど高かった団地の家賃だが、その後何回かの値上げが住人の反対を押し切ってなされたものの、その間、世間一般の家賃相場のあまりの急上昇ぶりのおかげで、いまでは相対的に信じられないほど安くなっているのである。むろん、礼金や更新料なども払う必要がない。

民間のアパートで高い家賃に悩まされている老人たちなどからすれば、何とも羨ましいかぎりだろう。いまでも団地の空家募集があると、おびただしい数の応募者が殺到するのがその証しである。わずかな年金しか貰っていない団地の後家さんたちが、何とか日々の暮らしを維持できているのも、この家賃の安さのおかげである。

「たいした収入もないのに、私たちがのんびりゲートボールなんかをやっていられるのもこの団地に住んでいればこそで、ありがたいことだよ。できれば、死ぬまでずっとここに住み続けたいね」

これまで年金の少なさや生活費のやり繰りなどに不満をもらしていた菊池さんも、ことこの団地の住み心地についてはかなり満足げな口調でいう。

そんな菊池さんにたいして、ここでも園川さんが皮肉たっぷりに憎まれ口をたたく。

「昔はみんな団地を出たい出たいといっていたのに、いまでは反対にありがたがって住んでいるんだから勝手なもんだね」

もっともその園川さんにしても、菊池さんたち仲間と一緒にゲートボールを楽しみながら、いつまでもこの団地に住み続けていくつもりのようだから、あまり他人のことをとやかくいえる筋合いではないのだが。

菊池さんは、そんな園川さんのあいかわらずの皮肉にいつものように苦笑しながらも、園川さんのいうことにも一理ある、自分たちだけがありがたがっているのは少し気がひけるとでも感じたのだろう、ややまじめな顔つきをしてこうつけ加えた。

「できれば、私たちだけでなく東京にいる年寄りはだれもが、この団地のような住み心地のいい家に住めればいいんだけどもね。いままでみんな一生懸命働いてきたんだから、せめて老後くらいは家のことなんか心配しないで、のんびり暮らしてもらいたいからね」

子ども孝行

■子ども夫婦とのつきあい

春がきて桜が満開になると、団地では桜祭りが盛大に催される。団地ができて以来、いまもまだ続いている恒例の行事だ。桜並木の街路に沿っていくつもの屋台が立ち並び、広場では趣向をこらしたさまざまなイベントも行われる。

ふだんは訪れる人も少ない団地だが、この時ばかりは大勢の花見客がつめかけて団地じゅうが大いに賑わう。いつもは老人たちがむっつり押し黙ってテレビを見ているだけの二DKも、この時ばかりは遠く離れて暮らしている子ども夫婦や孫たちがたくさん集まってきて、部屋じゅうが若い人たちで溢れ返る。そんな時、老人たちのだれもが、活気に満ちていた昔の団地のことを懐かしく思い出すそうだ。

ところで、そのような特別な日は別にして、つね日ごろは団地の老人たちは子ども夫婦とどのようなつきあいをしているのだろうか。彼らとどのような気持ちでつきあっているのだろうか。大都市における家族関係や親子関係の実態、とくに互いに離れて暮らす、老いた親と子どもも夫婦とのつきあいの実態についてはよくわかっていないことも多いようなので、老人たちからとくに念入りに話を聞いてみた。

■抜きがたい同居願望

団地の老人たちのなかには、いまはやむなく子ども夫婦と遠く離れて暮らしているものの、いずれ機会があれば彼らともっと近間で、できれば同居して一緒に暮らしたいと思いながらつきあいを続けている人たちがいる。名づければ「同居願望」タイプとでもいえようか。

ガンを患ったため、子ども夫婦と同居して面倒をみてもらいたいと思ってきた染谷さんなどもその一人なのだが、ここではもう一人、沢田昌子さんを紹介しよう。いま六十代の後半で、夫との二人暮らしである。

男女二人の子どもたちが巣立っていってから、もうかれこれ十年近くも経つというのに、沢田さんは子どもと離れ離れになったことによってぽっかりあいた心の空洞を、いまもまだ埋めることができない。子どものいなくなった暮らしが寂しくてたまらないのだ。夫が用事で外出して二DKに一人で取り残されたりすると、いいようのない孤独感や寂寥《せきばく》感にさいなまれてひどく落ち込んでしまう。若いころから子育てだけにかまけてきた母親などがしばしば陥る、いわゆる「空の巣症候群」の症状である。

そんな気持ちをまぎらわすために、「女の子は嫁ぎ先に任せられますが、男の子はいつまでも親の責任がありますから、しっかり見守ってやらなければなりません」などと勝手な理屈をつけて、ことあるごとに長男夫婦の家を訪ねたりするのだが、しょせんは一時的な気休めにしかならず、心の奥に巣食った抜きがたい寂しさまではなかなか癒すことができない。嫁いだ長女からも「お母さん、もういい加減に気持ちを切り換えて、子離れしなさいよ」などと諭される始末なのだが、彼女の耳にはいっこうに入らない。症状はかなり重いようだ。

そんなことで沢田さんは、できることなら夫とともに長男夫婦のところへ移り住んで、彼らと一緒に暮らしたいと切実に望んでいる。しかし、肝心の夫がこのまま団地に住み続けたいと同居に消極的なため、彼女の願いはいまのところまだ実現するに至っていない。当分は二DKで悶々としながら過ごす日々が続きそうだ。

考えてみれば、これまで長いこと縦型の家族関係に馴染んできた日本人にとっては、子ども夫婦との同居に執着する意識は容易に抜きがたい意識の一つといってよいだろう。また、老後の福祉施策が十分に整っているとはいいがたいこの国では、いざという時に備えて子ども夫婦とはできるだけ近間で、できれば同居して一緒に暮らしたいと思っている人もけっして少なくないはずである。加えて沢田さんのように、情緒的、感情的に子離れできずに悩んでいる人もいる。

それやこれやで、日本の老人たちのなかには、いまだ子ども夫婦との同居に強いこだわりを持つ「同居願望」タイプの人がいるのも不思議ではなく、それは意識の進んだ団地の老人たちといえどもけっして例外ではないということだ。数はそれほど多くはないが、染谷さんや沢田さん以外にも、各棟に少なくとも一人か二人くらいはこのタイプの人がいて、子ども夫婦との同居が実現することを密かに願いながら、わびしい気持ちで団地暮らしを続けている。

■家族の一体感を保つ

そんな同居に執着する一部の人を除けば、残りのほとんどは子ども夫婦と離れて暮らすことにとくに異存はないという人たちだが、詳しく聞いてみると、彼らも大きくは二つの特徴的なタイプに分かれるようだ。

その一つは、親子が別居して遠く離れて暮らしていても、できるかぎり子どもとの交遊を密にして、互いに疎遠にならないようにしたいと考えている、いわば「親密交遊」タイプである。たとえば、高齢の母親と一緒に住んでいる加藤さん夫婦などは、このタイプに含めてよいだろう。かっては子ども夫婦と同居したいと考えていた加藤さん夫婦だが、いまではもう同居を諦めて、これから先も母親と三人、団地の二ＤＫで静かに暮らしていこうと思っている。

ちなみに、彼らがあれほど望んでいた子ども夫婦との同居を諦めたのは、肝心の持家を確保できなかったことももちろんあるが、加えて、子どもたちが結婚してからもうかなりの歳月が経ち、仮にいまから同居したとしても家族関係がうまく保てないのではないかと恐れたからである。途中同居がうまくいかないというのは、真偽はともかく巷間《こうかん》よくいわれているところである。

しかし、別居はしていても親子は親子、加藤さん夫婦は子ども夫婦との交遊だけはできるかぎり密にしたいと思っている。

「同居ができないのなら、せめて子ども夫婦とは離れていても仲よくしようと心がけています。彼らが団地を訪ねてきてくれれば、必ず手土産を持たせて帰しますし、嫁には季節ごとに服もプレゼントしているんですよ」

病弱の夫を助けて、若いころから続けてきた洋裁の内職仕事にいまも精を出しながら、妻の富子さんはいう。嫁へのプレゼントというのは、彼女自身が心を込めてミシンをかけた手作りの服だということだ。

富子さんと私とのやりとりを傍らで黙って聞いていた加藤さんも、富子さんに同調するようにこうつけ加える。

「私も、子どもとのつきあいはなおざりにしてはいけないと思うよ。離れて暮らしているからこそしっかりつきあわないと、互いの気持ちも離れてしまうからね」

身体が弱いため、ふだんはどちらかといえば出無精の加藤さんだが、子ども夫婦とのつきあいとなれば、どこにでも厭わずに出かけていくということだ。

私の見たところ、加藤さん夫婦のような「親密交遊」タイプは、団地の老人たちのなかではもっとも多く見られるタイプで、たとえばゲートボールの菊池さん夫婦のところでも、夫婦それぞれの誕生日には子ども夫婦と一緒に外食するのが恒例になっているということだし、また一人暮らしの津村さんのところでも、子ども夫婦とはいつもうるさいくらい頻繁に行き来しているということだから、いずれもこのタイプに属しているといってよいだろう。

子ども夫婦との同居には執着しない、あるいはむしろ別居のほうが気が楽だと思っているが、彼らとの日常的な交遊を大事にして、家族としての精神的なつながりや一体感だけはしっかりと保っていきたい。いまの日本の老人たちにとって、とりわけ大都市に住む老人たちにとっては、そんな距離感でのつきあい方がもっともしっくりとくると感じられているようだ。それはまた、子ども夫婦の側にとっても抵抗なく受け入れられるつきあい方なのだろう。

■あか抜けたつきあい方

そしてもう一つ、それとは対照的なのが、いわば「完全独立」タイプである。

親子といえども、子どもが結婚して親から離れていってしまえば、それぞれ別々の家族、子ども夫婦には子ども夫婦のつきあいがあるのだから、親子のつきあいは最小限にとどめて、あまりべたべたした関係を続けたくないというタイプである。

「親密交遊」タイプほど数は多くはないが、団地のなかではそこそこ目につくタイプで、酒井さんや小倉さんのような自立心の強い後家さんたちもそうだし、菊池さんのゲートボール仲間、園川さんなどもこのタイプに属するといえるだろう。

五人の子どもたちがすでに巣立っていった園川さんだが、その子ども夫婦との日ごろのつきあいはかなり限られているという。彼らと顔を合わせるのは、せいぜい年始の時くらいで、とくに必要がなければそれ以外にはほとんどつきあいがない。団地の花見の時季にも、園川さんの部屋に子どもたちが訪れることはめったにないそうだ。

「家内は別にして、私自身の気持ちをいえば」と前置きして、園川さんは子ども夫婦とのつきあい方について、こう話す。

親子がいつまでもべたべたしたつきあいを続けるなんて、安っぽいホームドラマみたいで、とても私の性に合わないね。どうしても必要な時にだけ顔を合わせれば、それで十分だよ」。

いかにもクールでドライなつきあい方である。見方によっては、親子の情愛を欠いているようにも見えるし、親子で仲違いでもしているかのようにも見えるのだが、そうした物言いは皮肉屋の園川さんに独特のもので、話をよく聞いてみると、彼の気持ちの本当のところは、どうもつぎのようなところにあるようだ。

「誤解してもらっては困るが、私たち親子の間に情がないわけではないよ。互いにいらぬ干渉をしたり、必要以上にもたれ合うようなことだけはしたくないということなんだ。離れて暮らしていながら、お互いに相手のことをそれとなく思いやる、それが一番だと思うよ」。

表面的にはいかにもクールでドライなつきあいに見えながらも、じつはさりげなく親子の情を通わせる。長く大都市で暮らしてきた、あるいは長く団地で暮らしてきた親らしい、いかにもあか抜けたつきあい方といえるだろう。いまのところ、団地の老人たちのなかでは多数を占めるタイプとはいえないのだが、これから日本人の家族意識がさらに変わってくれば、子ども夫婦とこんなつきあい方をする老人たちがしだいに増えてきて、いずれはいま多数を占めている「親密交遊」タイプなどに取って代わる日が、あるいは来るのかもしれない。

■「子ども孝行」に励む親たち

団地の老人たちと子ども夫婦とのつきあいについて、もう一つどうしても触れておきたいことがある。

ここでも、まずは菊池さん夫婦に登場してもらうのだが、彼らはこれまである強い思いを抱きながら老後を過ごしてきた。それは何かといえば、どんなことがあっても、子ども夫婦に面倒や迷惑をかけるようなことだけはしたくないという思いである。

家計が苦しいからといって子ども夫婦に経済的援助を求めたり、体を悪くしたからといって子ども夫婦にいらぬ心配をかけたり、ましてや寝たきりになったからといって子ども夫婦の世話になるようなことだけはしたくないということだ。それは、彼らが老後を過ごすうえでの、もっとも大事な生活信条だったといってよいかもしれない。

そんな思いからだろう、菊池さん夫婦は二人だけの生活になってからすでに二十年、ともに八十を越えた現在まで、子ども夫婦からの金銭的援助などびた一文受けたこともなければ、大きな病気をして彼らに心配をかけたりしたことなども、一度としてなかったという。

いつだったたか、妻の春江さんが風邪をこじらせて長く寝込んでしまった時、心配かけまいと子どもたちのだれにも知らせなかったら、後でそのことを知った子どもたちから逆に「親子だというのに、何て水くさいことをするんだ」とひどく叱られたほどだ。

「子ども孝行」。菊池さん夫婦は、子ども夫婦とそんなつきあい方をする自分たちを評してそういう。子どもが親のことを気遣ったり面倒みたりするのが親孝行なら、自分たちは逆に、子どもがそういう心配をしなくていいように気遣ってきたのだから、それはまさに子ども孝行だというわけである。

そしていろいろ聞いてまわったところでは、この団地には同じような子ども孝行の親が、菊池さん夫婦ほど徹底してはいないもののけっこうたくさんいるのである。「子どもたちに迷惑をかけないで老後を過ごすことが、親としての最低限の努めだと思っている」、あるいは「子どもたちの世話にならずに死ねれば、親として本望だ」、そんなことを口にする老人たちが、そここにいたのである。もっとも、先に見た「同居願望」タイプの人たちにはさすがに見当たらないようだが。

いらぬさしで口かもしれないが、私にいわせれば、いまの老人たちは苦労に苦労を重ねて子どもたちを育ててきたのだから、そんなに子ども孝行ばかりしていないで、むしろ子どもたちにもっと親孝行を求めてもよいのではないかと思う。困ったときには、子どもたちに少しくらい面倒や迷惑をかけてもけっしてばちは当たらないのではないかと思う。

しかし、どういうわけか、彼らはそれをしようとはしないのである。したくないというのである。

おそらくそこには、親孝行などというものをはなから期待できない子どもたちにたいする諦めの気持ちもあるのだろう。また、いまの親たちが持っているある種の優しさや物わかりのよさが表われているのかもしれない。あるいは自分のことはあくまで自分で始末をつけたいという強い覚悟が、彼らをそうさせているのかもしれない。いずれにしても、それが子どもたちにたいする最大の愛情表現であるかのように、ひたすら子ども孝行に励む彼らの姿に、当世風の親気質、老人気質を見て取ることができた。

なお、そのことに関わるが、団地の老人たちの日ごろの暮らしぶりを見ていて、自分の健康管理に異常なほど気を配っている人が多いのが印象的だった。たとえば、「朝のラジオ体操には欠かさず出て、運動不足にならないよう気をつけている」、あるいは「三度三度の食事を自炊して、栄養をきちんと取るようにしている」という人が男女を問わず多かったし、また「たばこはもとより、酒も極力減らすように努めている」という人も少なくなかった。

老人なのだから、自分の健康に気を配るのは、当然といえば当然のことかもしれないが、それに加えて、それが子どもたちに面倒や迷惑をかけたくないがための懸命な心がけと見るならば、彼らの健康保持にたいする異常なほどの気配りもよく理解できるというものである。彼らは何としてでも子どもに面倒や迷惑をかけたくない、子ども孝行の親でありたいと思っているのだ。

菊池さん夫婦は、自分たちがこれまで子ども孝行であり続けてきたことを、密かに誇りに思っている。また、まわりの人たちから、自分たちが子ども孝行の鑑だと噂されていることを、何よりも嬉しく思っている。そして、これからも健康に十分気をつけて、いつまでも子ども孝行であり続けたいと心から願っている。

お茶飲みネットワーク

■元気はつらつな後家さんたち

一人暮らしの後家さんを訪ねたはずなのに、部屋のなかになにやら大勢の人のいる気配がする。私は家族でもきているのかと思ったのだが、そうではなく、ふだん着すがたの団地の後家さんたちが五人ほど集まって話をしているところだった。

お茶を飲みながら雑談しているだけなのだが、じつに和気あいあいとした雰囲気で、話の合い間に幾度となく大きな笑い声が沸き起こるのが聞こえてくる。

青戸団地がまわりの人たちから時に「後家さん団地」などと呼ばれるのは、むろん団地に住む一人暮らしの後家さんの数が多いことによるのだが、それに加えて、彼女たちが日ごろからひときわ明るく元気はつらつとしていて、団地の内外でとくによく目立つ存在だからでもあるようだ。

その元気はつらつさは、彼女たち一人ひとりの暮らしぶりからも十分にうかがえる。たとえば、迷った末に一人暮らしを始めたあの津村さん。初めはやはり一人暮らしの寂しさを身にしみて感じたそうだが、しかしそう感じたのもわずか一年だけで、その後は、毎朝のラジオ体操に欠かさず出るのに加えて、年に何回か旅行を楽しみ、さらに自分もいずれは世話になるのだからと、老人用おしめづくりのボランティア活動にも精を出している。おそらく、子育てや夫の世話というそれまでの重圧から解放されて、一人暮らしの気楽さを思う存分満喫しているのだろう。

自らすすんで一人暮らしを選んだあの酒井さんなどは、さらに元気いっぱいだ。長年やってきた経理の仕事の経験を買われて団地の老人クラブの会計を受け持ち、大事な帳簿づけを任されている。それに五年ほど前から、区の主催するカルチャー教室に入って習字を習い始めたそうだ。また同じく小倉さんも、子どもたちが全部かたづいたのを機に始めた日本舞踊を、いまも毎週一回練習するのと、新聞を毎日隅から隅まで残らず読むのが日課で、それが日々の生活の張りになっているという。

習字を習っている酒井さんに何点か作品を見せてもらったが、「ぼけ予防の八十の手習いで、とても他人さまに見せられるようなものではありません」と謙遜《けんそん》していたものの、どうして、とてもキャリア五年とは思えない立派な腕前だった。

その酒井さんがいう。

「一人で暮らしていると、宗教の誘いなんかがよくやってくるんですよ。お一人で寂しくありませんか、身体の悪いところはありませんか、なんていかにも調子のいいことをいってね。でも、私はまだ困っていることはありませんから、神様や仏様に頼らなくても十分やっていけますと、はっきり断るんです。いずれ私が死んだら、その時にはせいぜいお世話になりますからとね」

年齢をほとんど感じさせない、若々しい物言いと物腰。そんなに元気でしっかりしたことなら、あやしげな宗教やインチキ商法などに引っかかって泣かされる心配もないだろうし、いずれ本当に宗教の世話になる日も、まだまだかなり先のことになるに違いない。

■楽しいおしゃべりの場

一人ひとりの暮らしぶりもさることながら、この団地の後家さんたちがさらに元気はつらつになる時がある。それは、同じ後家さん同士が集まって過ごす、おしゃべりの時間である。

団地のなかには、老人クラブの仲間をはじめ、同じ棟に住む仲間、同じ階段を使う仲間、趣味や習い事の仲間、病院の仲間など、親しい後家さん同士でつくっているさまざまなつきあいのネットワークがある。そんなネットワークが、団地のあらゆるところに、また幾重にも折り重なって張りめぐらされている。

人間関係が疎遠といわれる大都市でははなはだ珍しいことだが、長い間住人たちが同じ団地で共同生活を営んできたことによる貴重な賜物といってよいだろう。なかでも、団地で過ごす時間の長かった後家さんたちのネットワークはとりわけ充実している。

そして後家さんたちは、きょうはこっちの仲間、あしたはあっちの仲間と、毎日のようにどこかの二DKに集まっては、お茶を飲んだり、時にはおかずを持ち寄って一緒にお昼を食べたりしながら話に花を咲かせるわけだ。私が勝手に名づければ、「お茶飲みネットワーク」とでもいったところか。

津村さんの二DKは、団地の入口に近い一階にあるせいか、あるいは彼女の人柄のせいか、いつもよく人が集まるらしく、私がたまたま出くわしたのも、彼女の部屋に親しい後家さんたちが集まって話をしているところだった。私もおしゃべりの輪に混じって、いろいろ話を聞かせてもらった。

——いつもどんな話をしているのですか。

「子どもや孫のこと、嫁のこと、旅行のこと、体の調子のこと、もうその時々でいろいろですよ。若い人に話すと嫌がられることでも、年寄り同士なら喜んで聞いてもらえますからね」

「でもどういうわけか、死んだ亭主の話はめったに出ませんね。きっと、あまり楽しい思い出がないせいでしょう」

——そんなに話ばかりしていて、飽きませんか。

「あなたは年寄りのことが少しもわかっていませんね。歳を取るとみんな自然に口数が増えますし、同じことを繰り返しゃべるのは年寄りの習慣みたいなもの。いくらしゃべっていても、飽きるなんてことはまったくありませんよ」

——これだけお仲間がいれば、一人暮らしでもあまり寂しくありませんね。

「寂しいどころか、人づきあいが忙しくて疲れてしまうくらいです」

「一人暮らしの私たちより、子どものところに引き取られた人のほうが、ずっと寂しい思いをしているのではありませんか。家族にも相手にしてもらえないようですし、まわりも知らない人ばかりでしょうから」

「噂では、子どものところに引き取られた人は、せいぜい三年しかもたないという話ですよ。私たちは、三年でおしまいなんてまっぴら。みんな頑張って百まで長生きしようっていい合っています」

——これからも、団地で一人暮らしを続けていくつもりですか。

「そのつもりです。いまさら子どものところに行って不自由な生活をするなんて考えられませんからね。子どものほうだって、世話のやける年寄りを引き取りたいなんて思っていませんよ」

——もし運悪く寝たきりにでもなってしまったらどうしますか。

「病院でも老人ホームでもさっさと入るつもりです。そうなった時には、ふだんは親を見向きもしなかった子どもたちも、見舞いくらいにはきてくれるでしょう」

家には気兼ねをする人がいないからいつでも集まれるし、いつまで話をしていても文句をいう人はいない。後家さんたちのだれもが、「子どもの家を訪ねてかしこまっているよりも、団地の友だちのところへ行っておしゃべりをしているほうがずっと楽しい」と口を揃えた。

もらえる年金も十分でなく、後家さんたちの暮らしむきはけっして楽とはいえないかもしれない。しかし、心から気を許し合える親しい仲間に支えられながら、それぞれが気楽にマイペースで暮らしていく。そんな暮らしが、彼女たちをだれよりも明るく元気はつらつな存在、まさにメリーウィドゥたらしめているといえるのではないだろうか。

■仲間同士の助け合いも

後家さんたちのつきあいのネットワークは、彼女たちの楽しみの場であるとともに、じつはもう一つ別の大きな役割を持っている。それは、彼女たちが困った時の助け合いのネットワークとしての役割である。

乳ガンを患いながら一人暮らしをしているあの染谷さんだが、彼女はいまも体力に自信がないため旅行などには行かず、毎日をもっぱら団地のなかだけで過ごしている。近ごろは糖尿病で目も悪くなってきたため、テレビを見ることも、好きな本を読むこともできなくなり、自宅での楽しみはもっぱらラジオということだ。

「いつもＮＨＫの教養番組などを聞いています。一人で静かに耳を傾けていると、とても心が落ち着くんです」

そして、染谷さんにとっていま一つの大きな慰めが、同じ後家さんたちとのつきあいである。人恋しくなったり気持ちが落ち込んだりした時には、近くの仲間のところへ出かけて行ったり、また自分の部屋に来てもらったりしてゆっくりと何時間も話をする。とりとめのない世間話をしたり、互いに愚痴をこぼし合うだけである。しかし、話をしているうちに、しだいに気分が晴れてくるという。

「こんな体でいままで何とかやってこれたのも、まわりにいる友だちのおかげと心から感謝しています」

また、八十を越え、持病の心臓病に悩まされている川内トミさんも、そんな助け合いのネットワークのありがたみを感じている一人である。

じつは川内さんは、同じ階段を使っている親しい後家さんの一人と、ささやかだが彼女にとってはたいへん大事な約束を交わしている。それは、それぞれの部屋の新聞受けに配達された朝刊が、決められた時刻までに取り込まれていなかったら、互いに相手の部屋に声をかけて確かめ合うという約束である。

二人でそんなことを約束し合ったのはほかでもない。夜の間に万一どちらかが倒れてしまった時、そのまま何日も発見されないで放置されることがないよう、すぐに異変に気づいてもらいたいという思いからだ。さいわいにも、まだこの約束が実行されたことはないが、約束を交わしたことによって毎日安心して過ごせるのが何よりありがたいと、川内さんはいう。

「体の具合が悪いと、一人でいるのがとても不安なんです。まわりにだれか一人でも気をつけていてくれる人がいると思うと、それだけで安心なんです」

山内さんによれば、彼女たちのようにはっきりと約束し合わなくとも、健康に自信のない一人暮らしの後家さんたちの多くは、それぞれが暗黙のうちにそれとなく気をつけ合っているという。

そういえば大阪のある古い団地でも、そこに住む一人暮らしの老人たちが、朝起きるとベランダに一斉に黄色い小旗を立てて、互いにその夜の無事を確かめ合っているという話を、いつか雑誌で読んだことがある。新聞受けの朝刊と黄色い小旗、使う道具こそ異なるものの、そこに込められた思いはまったく同じものであるに違いない。

後家さん同士による助け合いのネットワーク。それは、弱い者同士によるごくささやかな助け合いのシステムかもしれない。しかし、身近かで互いに相手のことをよく知る仲間同士がつくるシステム、あるいは互いに相手のことを心から思いやる仲間同士がつくるシステムであるがゆえに、健康に問題を抱えて一人暮らしに何かと不安を覚える後家さんたちにとっては、それは何にもまして心強い、頼り甲斐のあるシステムになっているといえるのではないだろうか。

「遠く離れて住んでいるわが子なんかより、まわりの友だちのほうがよっぽど頼りになります」。染谷さんと川内さんから、私は期せずしてまったく同じ言葉を聞かされた。

■いつかは自分たちも

ところで、津村さんなど元気な後家さんたちのことに話を戻すと、彼女たちといえども七十代、八十代ともなれば、自分では気がつかないうちに体力はしだいに衰え、気力も徐々に失われてくる。

「いつだったか、風邪をひいてちょっと寝込んだだけなのに、自分はもうこのまま起き上がれないのではないか、朝になっても目を覚まさないのではないかと、ひどく心配になったことがあります」

仲間と一緒にいる時には、あれほど明るく元気はつらつにしていた津村さんだが、体調がいま一つすぐれない時や、冬の寒い夜に一人で床に入る時など、ふとそんな不安な気分に襲われることがあるという。また、日ごろは宗教などにはけっして頼らないといっていた酒井さんも、ちょっと体の調子を崩したりするとやはり無性に心細くなって、「いつもより長く仏壇に手を合わせてしまいます」と、つい仏頼みをしてしまうそうだ。

七十代、八十代の後家さんたちにとって、元気でいられるかそうでないかの差はじつは紙一重である。

いまはまだ元気に一人暮らしを謳歌している後家さんたちといえども、いずれ近いうちに、一人で暮らすことの不自由さや困難さを味わう時が必ずやってくる。場合によってはさらにその先に、寝たきりや痴呆などという一人では何もすることのできない恐ろしい暮らしが待ち受けているかもしれない。健康に問題を抱える染谷さんや川内さんなどがいま置かれている困難な情況は、そのほかの後家さんたちにとってもけっして他人事ではないのである。

また、たとえそんな困難な情況が現実のことになったとしても、離れて暮らしている子どもたちからの支援などはおそらくあてにできないだろうし、ましてや、老人ホームに入所するのに何年も待たなければならないような、お粗末な大都市の福祉にも多くのことは期待できないだろう。津村さんにしても酒井さんにしても、そのことをはっきりと自覚しているだけに、体力や気力の衰えを示すわずかな徴候にも、敏感に不安を感じとってしまうのである。

しかしまた、そうであるからこそ、彼女たちはそんな不安を振り払うように、仲間同士で互いに励まし合いながら、毎日をできるかぎり楽しく過ごそうとしているのではないか、明るく元気に振る舞おうとしているのではないか。後家さんたちの暮らしぶりをながめ、彼女たちの話を聞きながら、私はそんなふうに思った。

長続きしない平穏

■団地の建て替えが現実に

青戸団地を取材に訪れる前、私は日本の老人問題に関するいかにも暗い感じの本を何冊も読んできたせいか、この団地にも何となく暗く重苦しい雰囲気が立ち込めているのではないかと想像していた。しかし、実際に取材してみると、団地全体の雰囲気は思ったより明るく、また老人たちそれぞれの暮らしぶりも、経済的には必ずしも豊かとはいえないものの、いかにもゆったりと落ち着いているように感じられた。

家賃の安さをはじめとする団地の恵まれた居住条件、あるいは古い団地ならではの濃密な人間関係やコミュニティとしてのまとまりが、老人たちの暮らしをしっかりと支えている。いいかえれば、そうした条件が存在するがゆえに、団地の老人たちの暮らしは何とか平穏無事、安定的に維持されているのだろう。いずれにしても、そこがいかにも暮らしやすそうなコミュニティであることは、私にもはっきりと感じ取れた。

しかし、何かにつけて変化の激しい東京のような大都市では、そんな平穏で安定した暮らしもなかなか持続的たりえない。平穏を脅かす、思いもしない出来事が必ず起こる。

この青戸団地でもそれは例外ではなかった。私が取材を始めてから三年ほどが経ったころ、かねてから噂されていた団地の建て替えがいよいよ本格的に実施される雲行きになってきたのである。

容積率にゆとりのある古い団地の有効活用を図り、より収益をあげる目的で、住宅公団が建て替え事業に乗り出したのは、昭和六十年代に入ってすぐのこと。老朽化した低層の団地を取り壊し、そこに容積率いっぱいに高層の建物を建てて、住戸や入居者の数をこれまでより大幅に増やそうという目論見である。主として三十年代につくられた団地のうち、条件に合った百あまりの団地がこの事業の対象とされ、東京ではもっとも古く規模の大きい青戸団地も、まっさきにその対象に含められた。

いずれこの団地でも建て替えが行なわれるのではないかという話は、私が取材を始めたころからささやかれていたのだが、桜並木の街路沿いに「建て替え反対」の横断幕が張られるなど、それに対応した動きがある程度はあったものの、住人たちの多くは、実施はまだまだ先のことだろうとのんびり構えていた。しかしここにきて、公団による事業計画説明会が開かれたり、住人にたいする意向把握のための聞き取り調査が行なわれるなど、実施に向けての動きがにわかにあわただしくなってきたのである。

説明会に出た人たちの話によれば、建て替え事業は、四十棟あまりからなる団地全体を大きく三つのブロックに分け、ブロックごとに第一期、第二期、第三期と順を追って実施される予定だという。まず、第一のブロックの住人を仮の住居に移し、彼らが住んでいた古い建物を取り壊す。その跡には十階建て程度の高層住宅を建てて、住人を仮の住居からそこに戻す。同様の工程を第二、第三のブロックでも繰り返し、最後に、高層化によって増えた住戸に外から新しい入居者を迎え入れるという段取りである。

建て替えによって住戸の数が増え、住宅に困っている多くの人たちが団地に入居できるようになること自体は、むろん公共の利益にかなった望ましいことに違いない。しかし、そこに長年住み続けてきた老人たちにとってみれば、それは自分たちの暮らしの根幹を脅かされる大問題にほかならない。まして、歳をとればとるほど、新しいことにはとまどう。彼らの多くがいまの暮らしにそれなりに馴染み、これから先もこの団地を終《つい》の住処《すみか》に平穏な老後を過ごしていきたいと考えていただけに、彼らの不安がふくらんだのも当然のことといえるだろう。

■家賃が何倍にもはね上がる

団地のなかには、建て替え実施の前線本部になる公団の出先事務所がつくられたが、建て替え計画の詳しい内容を知ろうとそこを訪ねた私は、担当者から「いま建て替え前の微妙な時期なので、各戸への取材は遠慮してほしい」という強い要請をうけた。住人の感情をいたずらに刺激して、事業の円滑な遂行が妨げられるのを恐れたのだろう。

公団の仕事の邪魔をするつもりは毛頭ないが、こちらとしても取材をまったくやめるわけにはいかない。とくに建て替えが実際に行なわれるのなら、それにたいする老人たちの反応も聞いてみなければならない。私は担当者に少しだけ目をつぶってもらって、顔馴染みの老人たち何人かにこっそり会って話を聞いてみた。だれもこれまでよりはるかに口数が少なくなってしまったが、それでもどうにか重い口を開いて、建て替えにたいする彼らの気持ちを話してくれた。

老人たちが不安を感じている問題はいろいろある。なかでももっとも悩ましい問題は、いうまでもなく建て替えによる家賃の大幅な上昇である。予定では、現行の何割増しなどという生易しい話ではなく、何倍にもはね上がるのだから無理もない。

この家賃の問題については、公団でもそれなりの対策を構じているようで、たとえば、住人それぞれの負担能力に応じて、家賃の異なる大小さまざまなタイプの部屋を用意したり、急激な家賃の上昇を避けるため段階的に家賃を上げていく傾斜家賃制度や、負担力の低い老人世帯向けに家賃上限制度を適用するなどである。ちなみに家賃上限制度というのは、家賃の上昇分を一定限度内にとどめ、その代わり部屋の賃貸契約を本人一代限りで打ち切るというものである。

しかし、どのような対策が講じられたところで、結果的に家賃が現行の何倍にもはね上がってしまうことに変わりはない。年金収入にある程度ゆとりのある世帯なら、収入に見合った大きさの部屋を選べば、家賃の上昇にどうにか対処できるかもしれない。しかしそれでも、家計に占める家賃の割合が大幅に増えてしまうことは間違いなく、生活費をこれまで以上に切り詰めたり、万一の時のために大事に取っておいた貯金を取り崩すなどしなければならない。老後の資金計画が根底から狂うことになるわけだ。

二つ口はそれでも何とかなる。問題なのは一つ口、とくに収入の少ない一人暮らしの後家さんたちである。先にも触れたように、彼女たちの年金収入はほとんどが月にわずか十万円あまり。それではどう考えても新しい部屋の家賃をまかなうことなどできない。初めは傾斜家賃制度の適用で何とかしのげるかもしれないが、いずれは高くなる家賃を払いきれなくなってしまう。

これまで安い家賃でかろうじて老後の暮らしを維持してきた団地の老人たちにとって、建て替えにともなう家賃の上昇の影響はすこぶる大きいのである。一人暮らしの後家さんたちにとっては、まさに死活にかかわる大問題だといってよいだろう。

場合によっては、これまで何とか続けてきた自立的な生活をあきらめ、子どもに頭を下げて経済的援助を頼まざるをえなくなるかもしれない。さらに最悪の場合、新しい部屋に入るのを断念して家賃の安い都営住宅に移ったり、子どものところに引き取られることなどを真剣に考えなければならないかもしれない。いずれにしても、団地の老人たちの暮らしは、建て替えによって大きく変わってしまうことは間違いない。

また、家賃の問題以外に、建て替えによって団地の生活環境や住人同士の人間関係が大きく変わってしまうのではないかということも、老人たちにとっては気がかりの種になっているようだ。おそらく生活環境も人間関係も何もかもが、これまでとは大きく変わってしまうだろう新しい団地で、自分たちは果たしていままで通りうまく暮らしていくことができるのだろうか、変化への適応能力が衰えつつある老人たちだけに、そんな不安もけっして小さくないのである。

■顧みられなかった願い

菊池さんをはじめ、こっそり会って話を聞いた老人たちの何人かが、私にふともらした言葉がある。

「あと十年か二十年もすれば、団地の年寄りはあらかたいなくなってしまうのに、なぜそれまで待っていてくれないのでしょうか。建て替えは、私たちがいなくなってからでもけっして遅くはないでしょうに」

団地の老人たちが胸に秘めたささやかな願いといってよいだろう。

しかし、進歩や効率ばかりが重視され、利潤の追求が最優先されるこの世の中では、老人たちのそんなささやかで悠長な願いがおいそれと聞き入れられるはずがない。また、彼らの願いが一つにまとまって、建て替え反対運動の大きなうねりになるようなこともなかった。こうして、老人たちが胸に秘めたささやかな願いは結局だれに顧みられることなく、建て替えは当初の予定通り実施されることになった。

なお、参考までにつけ加えておくと、この青戸団地で建て替え事業が着手されてから以後、それが口火になったかのように、各地の古い団地でも続々と建て替えが行なわれることとなった。

聞くところによれば、どこの団地でも、建て替えによって老人たちの暮らしが脅かされることが大きな問題となり、団地によっては強い反対運動も起きているという。老人たちの平穏な日常を脅かす忌まわしい出来事が、ここ青戸団地を起点に全国へと波及していったということだ。

それぞれの再出発

■団地を離れ難かった老人たち

見慣れた四階建ての古い居住棟は、奥まったところにある十数棟だけを残してすっかり姿を消し、それに代わって十階建ての真新しい居住棟が、団地の中央にでんとそびえ立っている。そのまわりにも、七階から八階建てくらいのやはり新しい居住棟が、いくつも立ち並んでいる。傾斜のついた大屋根、明るい色に塗られた外壁、洒落たかたちのベランダなど、団地というより豪華な高級マンション群が出現したような趣である。

そういえば、太い古木が見事だった桜並木も、また団地のシンボルだった給水塔も、古い居住棟とともに取り払われてしまったのか、その姿はもうどこにもない。

青戸団地とは長いことご無沙汰していたのだが、建て替え事業が始まってから七年ほどが経

建替えによって様相が一変した青戸団地だが、老人たちの暮らしはその後どうなったのだろうか。

ち、久しぶりに団地を訪ねてみて、その雰囲気がすっかり変わってしまったのに驚かされた。事業がかなり進捗して、団地全体の様相が一変してしまったのである。

すでに第一期と第二期分の工事は完了して、住人はすべて新しくできた居住棟に移り住み、もうしばらくすると、最後の十数棟を取り壊して建て替える、第三期が始まるところまできていた。この第三期の工事が済むと、そこに外から新しい居住者が入ってきて、建て替え事業はすべて完了ということになる。

かって世話になった民生委員さんとも、久しぶりに顔を合わせた。彼に新装なった団地のなかを案内してもらいながら、この間のいきさつを概略聞かせてもらった。

古い居住棟が、積み木を崩すかのように情けないほど簡単に取り壊されていった様子、新しい居住棟になる太い鉄筋の骨組みが上へ上へと伸びていった様子、桜並木の古木が根こそぎ取り払われてどこかへ運ばれていった様子、仮の住居からそれをじっと見守っていた住人たちの様子、そして新しい居住棟が完成して、住人たちがつぎつぎとそこへ引っ越していった様子など。

「建て替えにあたって自分の身の振り方をどうするか、最後の決断をする時には、だれもがだいぶ迷っていたようだ。でも、やはり住み慣れたところを離れ難かったのだろうね、ほとんどの人が団地に残って新しい部屋に移ったよ」

建て替えによって団地にいられなくなる住人も多かったのではないか、家賃の安い都営住宅に移らざるをえなかった人や、子ども夫婦のところに引き取られた人も少なくなかったのではないか、私はそう予想していたのだが、民生委員さんのいうように、できればだれもがこの団地を離れたくなかったのだろう、また、さまざまな事情があって子ども夫婦のところへ移るのもままならなかったのだろう、結局、かっての住人のほとんどがそのまま団地に残り、新しい居住棟の新しい部屋へと移ったのである。

これまで取材に協力してくれた私の顔馴染みの老人たちも、ほとんどが団地に残っているということなので、私は民生委員さんから教えてもらった新しい棟と部屋の番号を頼りにさっそく彼らの新居を訪ねて、建て替えにあたっての苦労話やら、その後の暮らしぶりの変化などについて聞いてみた。

■新居での新しい暮らし

ゲートボールに熱心だったあの菊池さんは、もとの古い二DKとほぼ同じ広さの部屋に移って新しい暮らしを始めていた。

「家賃が上がったからといって、子どもからの援助を当てにするつもりはなかった」という子ども孝行の菊池さんは、やむなく老人世帯向けの家賃上限制度の適用を受けた。そのため、月々の家賃は将来高くなってもこれまでのおよそ二倍ほど、五万円以上にはならないものの、公団との間の賃貸契約は菊池さん本人一代限りで終了することになる。

さっそく新しい部屋のなかを見せてもらったが、もとの二DKと比べるとはるかに明るく小綺麗になっていて、キッチンや風呂の設備なども以前よりずっと使いやすそうに見えた。その点について菊池さんは、「家賃が高くなっただけあって、さすがに住み心地が違うね」と素直に喜びを表わした。

ただ菊池さんのところでは、この間、建て替えだけにかまっていられない大きな出来事があった。妻の春江さんが亡くなったのである。私が最後に訪ねてからしばらくして、急な病気で倒れたらしい。そして、そのまま寝たり起きたりの状態になり、菊池さんが三年ほど一人で介護を続けてきたものの、その甲斐もなく、新しい部屋に引っ越す少し前に亡くなったという。

「これから先も二人で団地暮らしを続けようと、せっかく同じ広さの部屋を選んだのに、残念ながら無駄になってしまった。できれば一日でもいいから、うちのやつにも新しい部屋で過ごさせてやりたかったよ」

一人ではやや持て余しぎみの広い部屋にぽつんと座って、菊池さんはいかにも寂しげな表情でそう話した。

菊池さんの新しい暮らしで、もう一つ大きく変わったことがある。それは、あれほど楽しみにしていたゲートボールをぷっつりとやめてしまったことだ。春江さんが倒れてからは、一度もスティックを握っていないという。病人の世話やら建て替えによるごたごたやらで、のんびり遊んでいるどころではなくなったのだろう。

「建て替えを境に、身のまわりのことが随分と変わってしまったよ。いまさらいってもしょうがないが、仲間と冗談をいい合いながらゲートボールを楽しんでいたころがすごく懐かしいね」

菊池さんはそうつぶやきながら、ふっと小さなため息をもらした。

亡くなったといえば、高齢の母親と三人で暮らしていた加藤さん夫婦のところでも、ほぼ同じころにその母親が亡くなったという。百歳近かったというから、こちらは大往生といってよいだろう。

母親を亡くして夫婦二人だけになった加藤さん夫婦だが、建て替えにあたってはいろいろ考えた末に、母親に代わって、アパート暮らしをしていた次男夫婦を団地に呼び寄せて一緒に暮らそうと決め、私が訪ねた時には、新しい親子四人が新しい部屋に移って暮らし始めていた。

「夫婦二人だけで寂しく暮らすよりも、子どもに来てもらって一緒に暮らしたほうが賑やかでいいと思いましてね。それに、家賃の一部を子どもに負担してもらえれば、高くなった家賃にもどうにか耐えられるでしょうから」

かつては子ども夫婦と同居して暮らすことを願っていた加藤さん夫婦としては、建て替えによってそれが図らずも叶ったことは、それなりに嬉しい出来事だったといえるのだろう。しかしその反面、いまごろになって子ども夫婦と同居することになり、これから先彼らとうまくやっていけるのかどうか、やや危惧を感じているようにも見えた。そんな複雑な心境を表情に浮かべながらも、「せっかく部屋も家族も新しくなったのですから、老後をもう一度初めからやり直すつもりでいます」と、夫婦で声を揃えた。


私が取材で会ったそのほかの夫婦も、それぞれ新しい部屋に移って新しい暮らしを始めていた。いずれも、自分たちの収入に見合ったほどよい広さの部屋を選び、これまでも切り詰めてきた日々の生活費をさらに切り詰めたり、貯金を取り崩すなどしながら、どうにか頑張っているようだ。

もっとも、なかには園川さん夫婦のように、あえて無理を承知でいままでよりやや広めの部屋を選んで移った人もいる。せっかくの建て替えなのだから「一生に一度くらいは広々とした部屋でゆったりとした気分を味わってみたい」ということのようだ。いまはまだ傾斜家賃制度が適用されているのでどうにか家賃を払えているようだが、これから先家賃が大幅に上がった時にどうなってしまうのか、他人事ながら少し心配である。

「貯金を全部使い切るつもりでいるよ。墓のなかにまで持っていってもしょうがないからね。貯金がなくなるのが先か、死んでしまうのが先か、いずれにしてもその時はその時のことだ」

余計な心配は無用とばかり、園川さんはいつものおどけた口調でそういい放った。

■やはり後家さんたちは

私にとって一番気にかかっていたのは一人暮らしの後家さんたちだが、案の定、彼女たちの暮らしぶりは、ほかのだれよりも大きく変わっていた。

たとえば、夫を亡くしたとき一人暮らしをするかどうか迷った津村さんは、こんどの建て替えにあたっても、また大いに迷わされた。

津村さんもほかの後家さんたちと同様に、建て替えによって高くなる家賃を払いきれるかどうか不安を募らせていたのだが、彼女の場合、さいわいなことに今度も子どもたちからありがたい申し出があった。六人の子どもたちが揃って「私たちがお金を出し合って家賃を負担してあげるから、安心して新しい部屋に移ったらいい」といってくれたのである。もっともこの申し出には、里帰りした時にのんびり息抜きできるスペースを確保しておきたいという、嫁いだ女の子たちのちゃっかりした思惑もあったようだ。

そんな子どもたちからの申し出にたいして津村さんは、それを素直に受け入れるか、それとも生活費を切り詰めたりしてこれまで通り子どもに頼らずに暮らしていくか、大いに迷ったのだが、考えた末に、彼女はこの申し出を受け入れることに決めた。

「夫を亡くした時は私もまだ元気だったので、子どものせっかくの好意を辞退しましたが、こんどはありがたく受けることにしました。もう歳も歳ですし、死ぬ前に少しくらい子どもの世話になっても、だれからも文句をいわれることはないでしょうから」

上がった家賃分に見合う経済的援助を子どもたちから受ける代わりに、彼らに新しくなった部屋をいつでも遠慮なく使ってもらったり、いずれ自分が死んだら、子どもか孫のだれかに居住権を譲って団地に住んでもらうことで、その借りのいくぶんかは返したい、津村さんはそんなふうに考えている。

津村さんの悩みは、どちらかといえばしあわせな部類に属する悩みなのだが、建て替えにあたって本当に悩まされたのが、積極的に一人暮らしを選んだ小倉さんである。

年金と手持ちのわずかな貯金だけでは、どうしても新しい部屋の家賃を払い続ける目算が立たなかった彼女は、やむなく子ども夫婦のところを順番に渡り歩きながら世話になろうと心に決め、頭を下げて彼らに頼んでまわったという。これまで、子どもたちに世話になる気などまったくないといっていた小倉さんだけに、ほとほと困ったあげくのことだったのだろう。しかし、そんな小倉さんのたっての頼みも、残念ながら子どもたちには聞き入れてもらえなかった。順番に渡り歩くどころか、彼らのだれ一人として同居を受け入れてくれなかったのである。

「長く離れて暮らしていた親から急に同居させてくれなんていわれても、子どもたちだって、はいそうですかと簡単に応じられるわけはありませんよね」

無理な頼み、虫のいい頼みであることは、彼女も重々承知だったようだ。

そんなことで、小倉さんは子ども夫婦に世話になることを諦め、経済的に追い詰められていよいよどうにもならなくなるまでは一人で頑張ってみようと思い直して、もっとも小さな部屋を選んで移ったのである。

「これから先どのくらい長生きして、どのくらい家賃を払い続けなければならないのかわかりませんが、ぎりぎりまで節約してやってみるつもりです。我慢してやっていれば、そのうちきっといいこともあるでしょう」

将来への不安は大きいが、それを乗り越えようとする気力だけはいまもまだ残っているようで、やや疲れが見える顔に精一杯の微笑みを浮かべながら、小倉さんはそう話してくれた。

なおつけ加えておくと、小倉さんには自分のこと以上に心の痛むことがあった。それは、知り合いの後家さんのなかに、新しい部屋の家賃を払える見込みがまったく立たず、やむなく遠く離れた都営住宅に移っていかざるをえなかった人がいたことである。

新しくなった団地で暮らす後家さん

小倉さんとその後家さんとは、互いに家族以上に親しくつきあっていた間柄だったようで、建て替えの問題が起こってからも、小倉さんは彼女から身の振り方をどうするかしばしば相談を受けたという。しかし、小倉さんとて、そのころは自分の問題に対処するだけで精一杯だったために、彼女のために何もしてやることができなかった。「せっかく友だちとして相談を受けたのに、何の力にもなってやれなかった」と、小倉さんはいまもしきりに残念がる。

結局、その後家さんは建て替え前に都営住宅に移ることになったのだが、彼女としてもできれば遠い都営住宅などに移りたくはなかったのだろう、これまで親しくしてきた仲間とも別れたくはなかったに違いない、「離れ離れになっても暇を見つけて必ず遊びにくるから、いままで通りに仲よくしてね」と小倉さんにいい残して引っ越していったそうだ。

最後になったが、私の顔馴染みの後家さんたちのなかにも、一人だけ新しい部屋に移れなかった人がいた。ガンを患った染谷さんである。

今回の取材では直接会うことができなかったので確かなことはわからないのだが、ほかの後家さんたちからそれとなく聞いたところでは、染谷さんはその後もあいかわらず体の調子が思わしくなかったらしく、建て替え工事が始まるのと相前後してついに病院に入りきりになってしまい、いまもその状態が続いているという。

おそらく、建て替えにともなう周囲のごたごたや将来への不安などがストレスとなって、彼女の病状に少なからぬ影響を与えたのだろう。今回の団地の建て替えによって、一人暮らしの後家さんたちのだれもが多かれ少なかれ、その暮らしを変えられてしまったのだが、なかでももっとも大きく変えられたのが、この染谷さんだったといえるかもしれない。残念ながら、染谷さんがふたたび元気になって団地に戻ってくる見込みは少ないということだ。

しがない客分に

■消えた温かい人間関係

ところで、新しくなった団地には、これまでより便利になったことがいろいろとある。たとえば、それぞれの居住棟には立派なエレベーターが設置され、高層階への上がり下りもボタンの操作一つで簡単にできるようになった。「いままで狭くて急な階段を一段一段足をひきずりながら上がり下りしていたことを思うと、格段に楽になった」と、老人たちにはすこぶる好評である。

また、それぞれの部屋には、万一の時に外部と連絡できる緊急用の通報装置が備えられた。体調の急変など危急の折りには、部屋や浴室についているボタンを押せばすぐに管理事務所などにつながることになっており、これもまた「体の悪い年寄り一人でも安心して暮らせるようになった」と、おおむね好評である。

団地が便利になって老人たちに好評なのは、たいへん喜ばしいことである。しかしその反面、「団地が新しくなってからというもの、住人同士の行き来がめっきり減ってしまった」と、老人たちの多くが口を揃えて嘆いていたことからもわかるように、団地内の人間関係もまた、建て替えによってこれまでとは大きく様変わりしてしまったのである。

いうまでもないことだが、古い団地では、だれがどの棟のどの部屋に住んでいるか、団地の住人であればだれもが互いによく承知していた。とくに親しい仲間同士であれば、だれがいつどこで何をしているかさえ、手に取るようにわかり合っていたはずである。「いまあの人の部屋を訪ねても、病院に行っている時間だから多分留守だろうね」とか、「いまあの人をお茶に誘ってやれば、一人で退屈しているところだからきっと喜ぶでしょうね」といった具合いだった。

しかし、新しい団地になってからは、老人たちそれぞれの住む棟も住む部屋も機械的に決められて、以前とはまるで違ってごちゃごちゃになったために、だれがどこに住んでいるかはもとより、隣にだれが住んでいるかさえよくわからなくなってしまったのである。当然のことながら、これまで長い時間をかけて培われてきた同じ棟に住む仲間同士、同じ階段を使う仲間同士による親しい人間関係も、新しい団地になると同時にあっけなく壊れてしまった。

また、いままではどの部屋もまったく同じ大きさの二ＤＫで、しかも家賃もほぼ同じだったため、他人の部屋でもまるで自分の部屋であるかのように、気軽に行き来することができた。しかし、新しい団地では、部屋によって広さはもとより、家賃にも大きな格差がついたために、他人の部屋の敷居が高くなって何となく立ち寄りにくくなってしまったという。そんなことで、彼らの日常的な行き来が滞るようになったのも、いたしかたのないことだろう。

団地が新しくなったことによる人間関係の変化はまだある。

新たに設置されたという緊急用の通報装置だが、なんとも皮肉なことに、そんな装置が設置されたためにかえって、互いの無事を確かめあうことを兼ねた老人たち同士の日ごろのこまめな行き来がなくなり、さらには互いの安否を気づかう気持ちさえもがすっかり影をひそめてしまったのである。

たとえば、心臓病を患っている川内さんが、同じ棟の後家さんと互いの無事を確かめ合うために交わしていたささやかな約束のことは先にも紹介したが、新しい団地になってからは、その約束もいつの間にか解消されてしまったという。

二人の部屋が遠く離れ離れになったうえに、それぞれの部屋に備えられた緊急通報用のボタンを押せばすぐにだれか来てくれることになったので、後家さん同士の個人的な約束ごとなどはもう用済みになったというわけだ。かつての団地にあった「助け合いのネットワーク」などの温かい人間的なつながりに取って代わって、機械と人間の冷たくわびしい関係が幅をきかせるようになってしまったのである。

約束を交わしていた相手と顔を合わせることもしだいに少なくなり、自分の部屋に籠もって一人ぽつねんとすることが多くなったという川内さんは、何か釈然としないとでもいうような表情でこぼす。

「ボタンを押せばすぐにだれか来てくれるといっても、やはり相手の顔が見えないのでは何となく頼りないですよね。それよりも何よりも、ボタンが相手では血の通った友だちづきあいができませんからね。いくら団地が便利になったといっても、それでは何にもなりません」

何もしゃべらないボタンを恨めしそうにながめながら、川内さんは小さな声でそうつぶやいた。おそらく、そんな割り切れない思いを抱いているのは、川内さんばかりでなく、ほかの多くの後家さんたちにとっても同じことだろう。

■追われた主人公の座

そしていま一つ、新しい団地での老人たちの暮らしぶりをひとわたりながめてみて、私が何よりも強く感じたことがある。

それは、以前と違って老人たちのだれもが、どこか遠慮がちな、まるで知らない家にお客にでも来たかのような、居心地悪げな物腰で暮らしているように見えてしかたがなかったことである。新しい団地に移ってまだ日も浅く、そこでの暮らしに十分馴染んでいないことにもよるのだろうが、私の思うところ理由はそれだけではなさそうだ。

これまで見てきたように、団地の老人たちは、かつての古い団地でじつに三十年以上もの長い間暮らし続けてきた。菊池さんのように「ぬし」を自称する人がいるほどに、だれもが飽きるほど長く暮らしてきたわけだ。

その意味で、彼らにとって古い団地は、彼らの体臭がその隅々までしみ込むほどに馴染み慣れ親しんだ、まさに「自分たちの団地」だった。またそんななかで、老人たちはだれに気兼ねしたり遠慮したりすることなく、自分の思うがままに自由に振る舞うことができたという意味で、彼らはまぎれもなく団地の「主人公」だった。

しかし、団地の建て替えは、そんな彼らと団地との関わりを根底から変えてしまった。ちょっと酷ないい方になるかもしれないが、新しい団地は彼ら老人たちのためにつくられたわけではなかった。だれのためかといえば、それは新たに住宅を欲しがっている若い人たち、将来そこに住むことになるほかの人たちのためにつくられたのである。さらに酷なことをいえば、老人たちがいま新しい団地に住んでいるのは、これまでの行きがかりからとりあえず住まわせてもらっているに過ぎない、彼らが死ぬまでのわずかな間だけ、とりあえず住まわせてもらっているに過ぎないのだ。

つまり、老人たちにとって新しくできた団地は、もはやかつてのように自分たちの団地ではなくなり、また老人たち自身ももはやかつてのように団地の主人公ではなくなってしまった。彼らはしがない客分に成り下がってしまったのである。

老人たちは、自分たちの置かれた立場の変化に意外と敏感である。疎《うと》んぜられた立場に追いやられたとなれば、なおさらである。彼らが新しい団地でどこか遠慮がちな、いかにも居心地悪げな物腰で暮らしているように見えたのは、おそらくそんな自分たちの置かれた立場の変化をはっきりと感じ取っているためではないかと思う。

ちなみに、菊池さんがあれほど楽しみにしていたゲートボールをぷっつりやめてしまったのも、連れ合いを亡くすなどのごたごたがあったためもあるだろうが、おそらくそれ以上に、新しい団地でわがもの顔に振る舞うのが何となくはばかれる気分になってしまったことによるところが大きいのではないかと思う。

いまの世の中、進歩や効率という名のもとに古いものが情け容赦なく壊され、それに代わって新しいものがつぎつぎとつくられていく。それは何も団地の建て替えだけに限った話ではなく、世の中のあらゆる事柄についてもいえることである。

それもご時世とあれば、いたしかたないことなのかもしれない。必要とあれば、やむをえないことなのかもしれない。しかし、いつの世の中でも、そのしわ寄せを受ける人たちが必ず出てくる。そしていつでも、そのしわ寄せをもっとも強く受けるのは、もっとも弱い立場にいる人たちだと相場が決まっている。

青戸団地の建て替え事業の場合もその例にもれなかったようで、建て替えによるしわ寄せをもっとも強く受けてその暮らしのありようを大きく変えられてしまったのが、もっとも弱い立場にいた団地の老人たちだったといえるだろう。

「なぜ、あと十年か二十年待っていてくれないのでしょうか。建て替えは、私たちがいなくなってからでもけっして遅くはないでしょうに」

建て替えを前にして、団地の老人たちが力なくつぶやいていた言葉を、私はいまあらためて思い出した。

残念ながら、それは大きな力の前にはかなくもかき消されてしまったのだが、そういう声に耳を傾けられる世の中こそが、本当の意味でゆとりのある世の中といえるのではないか、老人たちが心穏やかに身を処していける世の中ではないのか。団地の建て替えにともなうこの間の一連のいきさつをながめながら、私はそんなふうに思った。

消えゆく二ＤＫ

■かけがえのない空間が

「あなたも縁があったのだから、見納めにこないかね」

新しくなった青戸団地を訪ねてからしばらくして、私は取材し残したことを二、三たずねるために菊池さんのところに電話をしたのだが、その時彼からそんな誘いを受けた。これからいよいよ第三期工事が始まり、最後に残された古い居住棟が取り壊されてなくなってしまうので、その前に一目それを見ておかないかということである。

取材で長いこと世話になったお礼もしなければならなかったので、私は誘いに応じてさっそく団地を訪ねた。私にとっては最後の団地訪問だった。

新しい居住棟群がそびえ立つちょうどその裏側、団地の奥まったところに、取り壊しを静かに待っている十数棟の古い居住棟がある。

すでに無人になって、廃墟のような雰囲気が漂う建物。二ＤＫの扉はどれも固く閉ざされ、表札もはずされ、新聞受けはガムテープでしっかりとふさがれている。向こうにある新しい居住棟群の豪華な外観とは見比べるまでもなく、その光景はいかにもわびしげに見えた。

私と菊池さんは連れ立って、そんな古い居住棟の一棟一棟を、二DKの一戸一戸をゆっくりと見てまわった。かつて住んでいた自分の棟の前で足をとめた菊池さんは、二階の自分の二DKを見上げながら、私にそっと話しかけてきた。

「こうして見ていると、昔のことがあれこれと頭のなかに浮かんできて、何とも懐かしい気分にさせられるね」

人生の半分近くにもあたる長い歳月をその二DKで過ごしてきただけに、菊池さんがそんな感慨を覚えるのも無理はないだろう。

妻の春江さんとともに仕事にあるいは子育てにと一生懸命頑張ってきたのも、その二DKでのことだった。育て上げた子どもたちが就職や結婚をしてつぎつぎと巣立っていったのも、その二DKからだった。また、子どもたちがいなくなってからは、後に残された夫婦二人で、時には文句をいい合い、時には慰め合いながら長い老後を過ごしてきたのも、その二DKでのことだった。そして、病気で倒れた妻の春江さんを菊池さんが一人で介護してきたのも、その二DKだった。

小さな二DKには、菊池さんの家族の歴史の一こま一こまが、また思い出の一こま一こまが、ぎっしりと詰まっているのである。私が取材して書かせてもらったことなどは、そのなかのごく一部分にすぎない。

「他人には小さくて汚い部屋にしか見えないかもしれないが、私にとっては長い間自分たちの暮らしを支えてきてくれた大事な部屋だからね。いまでもまだすごく愛着を感じるよ」

おそらく、二ＤＫにたいするそんな強い思いは、菊池さんばかりでなく、そのほかのすべての住人たちにとっても同じことだろう。しかし、その二ＤＫもうじきに取り壊されてしまう。住人たちの歴史や思い出がぎっしり詰まったかけがえのない大事な空間が、一つ残らずすべて跡かたもなく消え去ってしまうわけだ。

「何だか無性に寂しい気がするけれど、もう役目を終えて邪魔になったんだから取り壊されてしまうのもやむをえないんだろう。長いこと使わせてもらった者としては、ごくろうさんとでもいってやるしかないよ」

愛着のある二ＤＫがなくなってしまうことについては、菊池さんの心のなかではもうそれなりに整理がついているようだ。

そして菊池さんは、もう一度自分の二ＤＫのほうを見やりながら、「それにしてもあらためてながめてみると、よくもまあこんなにちっぽけな部屋で何十年も暮らし続けてきたものだなあと、いまさらながら感心するよ」と、やや冗談めかしてつけ加えた。

■死ぬまで子ども孝行を

古い居住棟の前で私たちがそんな感慨にふけっている間にも、向こうに見える新しい団地では、老人たちそれぞれの新しい暮らしがもうすでに始まっている。

新しい暮らしとはいうものの、すでに見たように、高くなった家賃のため彼らの暮らしむきはこれまでよりずっと厳しいものになってしまっている。また、団地のなかの人間関係が大きく変わって、住人同士のつきあいもこれまでよりずっとしにくくなってしまっている。これからいよいよ最後の建て替えが始まるのだが、それが済んでそこに外から見ず知らずの新しい居住者が大勢入ってくれれば、団地の様子はさらに大きく変わってしまうことだろう。

しかし、暮らしむきが厳しくなろうとも、住人同士のつきあいがしにくくなろうとも、彼らは新しい団地での新しい暮らしに早く慣れていかなければならない。これからの残された日々を、そこで何とか頑張って過ごしていかなくてはならない。何といっても、彼らにとっての終の住処はその新しい団地なのだから。


自分の新しい部屋への帰りがてら、そんなことは百も承知だとでもいうように、菊池さんは私に小さな決意を示した。

「これから先何年生きていられるかわからないが、体にだけは十分気をつけて、子どもに迷惑をかけないようにやっていこうと思っているよ。できればまわりにいる友だちから、あの人は死ぬまでずっと子ど孝行を貫き通したといわれるようにね」

なお、菊池さんの話によれば、津村さんをはじめとする一人暮らしの後家さんたちの多くも、新しい団地での暮らしにしだいに慣れてきて、かつての明るさや元気はつらつさを徐々に取り戻しつつあるとのことである。

「見晴らしのいい部屋にまたみんなで集まって、お茶を飲みながら楽しくおしゃべりしたい」とか、「せっかく部屋が新しくなったのだから、何としてでも百まで生きられるように頑張りたい」とか、口々に話しているという。菊池さんは、「さすがに女の人たちは環境の変化に慣れるのが早いようだ。私たち男ではなかなかそうはいかないよ」と苦笑する。

菊池さんにしても後家さんたちにしても、気持ちでは何とか頑張っていこうと思ってはいても、もう歳も歳だから、体のほうが思うようにいうことをきいてくれないかもしれない。しかし、何ごとも気持ちの持ちようである。ぜひ、これから先もずっと前向きな気持ちを持ち続けて、残された日々を精一杯明るく元気に過ごしていってほしい、できれば、だれもが百までも長生きするように頑張ってほしい、私は心からそう願いながら、菊池さんと別れて団地を後にした。

二　新天地ラプソディ

ミニ別荘のある村

■三角屋根の小さな建物

赤や青の三角屋根をのせた木造の小さな建物が、五戸から十戸くらいずつの団地状のかたまりをなして、村のあちこちに建っている。海岸べりの砂地のようなところにも、海岸の少し内側を並行して走る国道と鉄道のきわにも、また村の中央に広がる畑と畑の間にも、さらには車一台がやっと通れるほどの狭い山道をわけ入った森の奥にも。

村内を車で走っていると、この小さな建物がおよそ二、三分と間をおかず、つぎからつぎへと目に飛び込んでくるといった按配である。

「何ともすごい数だな」

かねてから噂には聞いていたものの、くだんの建物がこんなにもたくさん、しかも村のありとあらゆるところに建てられているのを見て、私はあらためて驚かされた。おおげさではなく、まるで村全体がこの小さな建物によって埋めつくされているかのように感じられた。

それらの建物は、一応は別荘と呼ばれている。しかし見たところ、一戸当たりの敷地面積はせいぜい五十坪から六十坪たらず、建坪はわずか十坪ほど。建物の造りにしても、細い柱にベニヤのような薄い壁板を無造作にめぐらせただけのかなりお粗末なものがほとんどで、それを

大洋村の位置

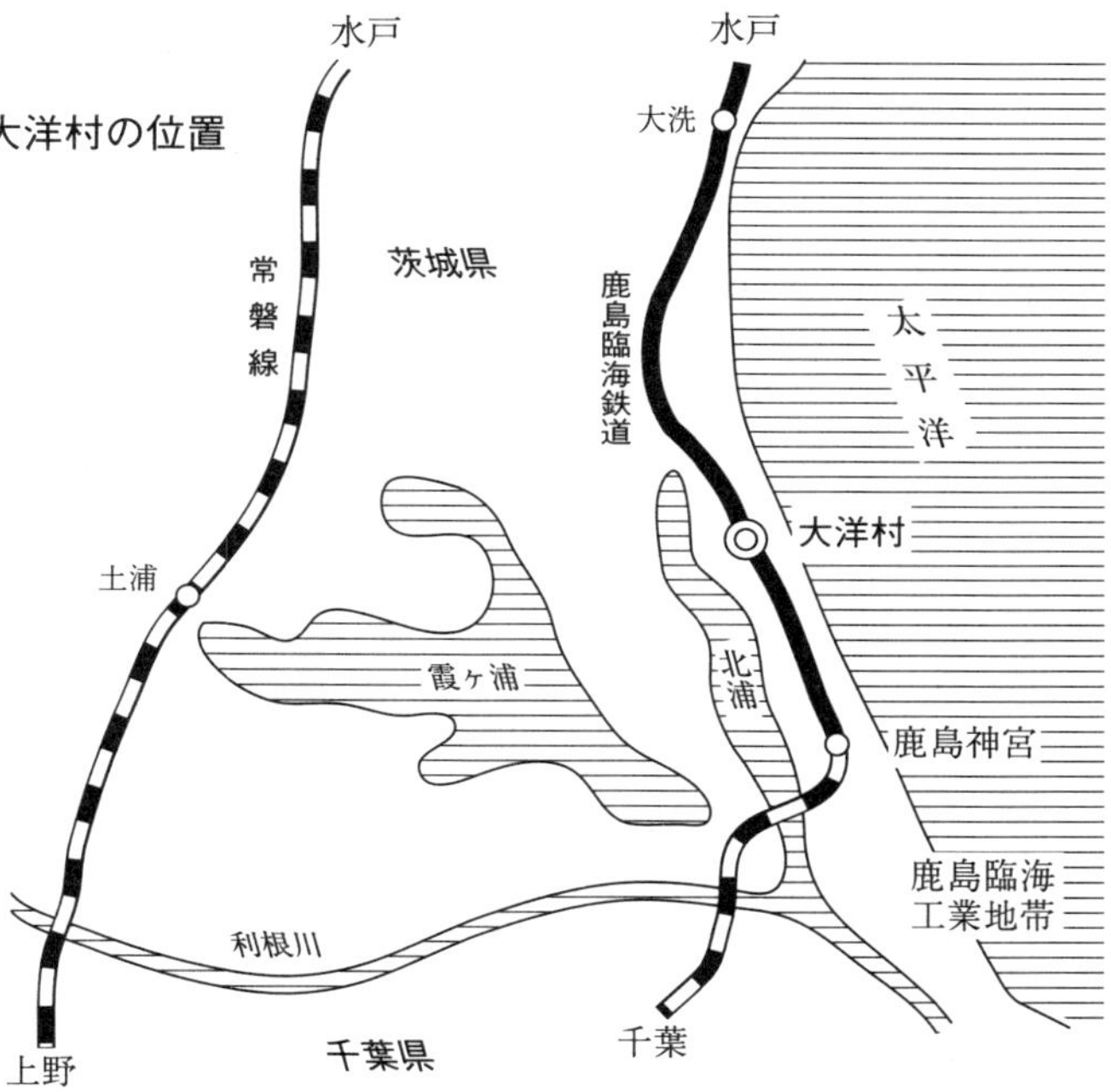

別荘と呼ぶことに私はかなりのためらいを覚えた。

夏も終わり、そろそろ秋風が冷たく感じられるようになったこの時季、別荘を使うにはもうシーズンオフということなのだろう。どの建物のまわりにもほとんど人影がなく閑散としていたが、それでもいくつかの建物では、庭でかたづけごとなどをしている人の姿がちらほらと見受けられた。

ここは茨城県の大洋村。太平洋の荒波打ち寄せる鹿島灘と水郷北浦とにはさまれた、いかにものどかな農村地帯である。メロン、いちご、ブロッコリー、それにさつま芋や落花生などの産地として知られる。

しかし、大洋村といえば、首都圏に住んでいる人ならだれもがすぐに、まったく別のことを思い浮べるはずである。そう、いっとき新聞の折り込み広告などで毎日のように、「わずかなご予算で、あなたも大洋村の菜園つき別荘オーナーに」と宣伝されたあの村、あの有名な別荘の村なのである。そして私が見てまわった三角屋根の小さな建物群が、その売り物の菜園つき別荘なのである。

地元の人たちも、その小さな建物を別荘と呼ぶことにはやはりためらいを感じるのだろう、彼らはやや婉曲な皮肉を込めて、それを「ミニ別荘」と呼んでいる。

■その数じつに三千五百戸

ミニ別荘が大洋村に初めてお目見えしたのは、はるか昭和五十年代の初頭のこと。

県東南部の重化学工業化をめざす鹿島臨海工業地帯の開発が、そのしばらく前から始まっていたのだが、工業地帯の後背地にあたる大洋村でも、進出企業の従業員向け住宅用地などの需要をあてこんで土地投機ブームが起こり、それまで使い道のなかった村内の雑種地や山林などが、不動産業者の手で盛んに買いあさられた。

しかし、その後のオイルショックにともなう鹿島開発の停滞によって、そんな思惑は大きくあてがはずれてしまう。企業の用地需要がぱったり止まってしまい、買い取られた土地の行き場がなくなってしまったのだ。

それではと、ある目端のきく業者が手持ちの土地を小区画に分割し、小さな建物をつけて別荘として売り出したところ、折から高まりつつあったセカンドハウスブームと、一戸五百万円前後という手ごろな値段、それに東京から車や電車で二、三時間もあれば来られて、手軽に土いじりや釣りができ、夏には海水浴まで楽しめるという立地条件のよさなどが受けて文字通り飛ぶように売れ、その後バブル期にかけて、大小二十社以上の業者が入り乱れての別荘乱売ブームとなったのである。

主たる買い手は、東京をはじめ、神奈川、埼玉、千葉といった大都市の住人たち。ちょっとした蓄えで小さいとはいえ別荘が持てるとあって、最盛期の日曜日などには、チラシを手にしたたくさんの客が、村の玄関口である鹿島臨海鉄道の大洋駅にどっと降り立ち、それを駅前で待ち受けていた業者がわれ先に声をかけ、奪い合うといった騒々しい光景がしばしば見られたという。

ちなみに、この間大洋村でミニ別荘がどのくらいの戸数建てられ、売りに出されたかというと、昭和五十年代の半ばには全部合わせてもまだ一千戸ほどにすぎなかったのだが、その後は毎年四百戸から五百戸くらいずつの割合で増え続けて、私が初めて村を訪れた昭和六十年代の初めころには、その数じつに三千五百戸あまりにも達している。もともとの村の世帯数が全部で二千五百戸ほどにすぎないことから見ても、その数の大きさがうかがえる。

なお、ミニ別荘開発はここ大洋村だけでなく、隣接した鉾田町や大野村（現在は合併して鹿嶋市）などでも同様に行なわれた。いずれも鹿島臨海工業地帯の後背地にあたる町村である。しかし、そのなかでも大洋村での開発がとりわけ盛んだったのは、この村がもともと農業のほかとくに目ぼしい産業のない純農村であったがゆえに、宅地開発などにたいする規制の網がまったくかけられておらず、結果として、県内外の業者に野放しに近い開発を許してしまったためといわれる。大洋村という村名の、おおらかで明るいイメージが寄与するところも大きかったようだ。ミニ別荘といえば、まず大洋村の名があがる所以である。

■新天地に移り住んだ老人たち

ところで、別荘がたくさんあるだけの村なら、私はわざわざこの大洋村を訪れることもなかっただろう。別荘がたくさんあるだけの村なら、日本にはほかにいくらでもある。私が興味を持ったのは別のこと。それは、この村のそこここにミニ別荘を購入した大都市の住人たちが、なかんずくミニ別荘で老後を過ごそうというたくさんの老人たちが、どっかりと住み着いてしまったからである。

その数は大洋村の役場でも正確には把握していないようだが、いろいろ聞いたところでは、一応正規の転入届を出して移り住んでいる人が百人くらい、加えて、転入届を出さないまま居ついてしまっている人がそれとほぼ同じくらいか、ことによってはそれ以上いると推定されるので、それらを合わせると、全体としてはおよそ二百人から二百五十人ほどの老人たちが、ここ大洋村のミニ別荘で老後を過ごしているようである。

ここでちょっと講釈をさせてもらうと、老後をどこでどう過ごすかについては、人それぞれ違った考え方があるに違いない。先に見た東京の青戸団地の老人たちのように、若いころから長く住み続けてきた場所をそのまま終の住処にして、老後を過ごしたいと考える人もいるだろう。老後は住み慣れた場所で、顔馴染みの仲間とともに過ごすのが一番というわけだ。おそらく、いまの日本人のほとんどは、そんなふうに考えているのではないかと思う。

しかし他方で、その住み慣れた場所をあえて離れ、いままで住んだことのない新天地に移って老後を過ごしたいと考える人もいるはずである。

いきなり外国の例を引き合いに出して恐縮だが、たとえばアメリカなどでは、現役の時にニューヨークなどの大都市でばりばり働いていた人たちが、いざリタイアした後は、気候温暖なフロリダや南カリフォルニアなどに移り住んでのんびり暮らすというのが、老後のライフスタイルの一つとしてすでに広く定着しているようである。老人たちだけが一つところに集まって暮らす、いわゆるシルバータウンやシルバービレッジなども各地にできていて、そこでなごやかに談笑する人たちの姿が時々テレビにも映し出される。老人たちの穏やかで満ち足りた表情が印象的で、そういう老後の過ごし方もなかなか悪くはないなという気持ちにさせられる。

ひるがえって近年はわが国でも、老後を新天地で過ごそうという人たちが、徐々にではあるが増えてきているのも確かなようである。私のまわりでも、ぼちぼちそんな事例が見受けられるようになった。

その代表的なものが、いわゆる「老後の田舎暮らし」。これまで東京などの大都市で働いてきた人たちが、老後は何かと暮らしにくい大都市を離れて、自然も人情味も豊かな地方の農村に移り住んで過ごそうというものだ。

生まれ育った故郷の村にUターンするケースもあれば、故郷かどうかに関係なく、自分の気に入った農村に家を建てて移り住むケースもある。あるいは、過疎地の山のなかなどに放置された空家を買い取り、手を加えて移り住むというケースもある。ちなみに、そんな風潮をいち早く先取りした大手のデベロッパーのなかには、気候温暖な伊豆半島や風光明媚な長野の農村などに、外国風の洒落たシルバービレッジをつくって売り出すところも現われ始めている。

むろん、新天地で老後を過ごすという風潮が現われてきたとはいうものの、それを本当に実行しようとする人はいまのところまだ限られた少数派にすぎない。しかし、いずれは日本でもそんな新しいスタイルで老後を過ごしたいという人たちがしだいに増えてきて、アメリカ並みに広く定着するであろうことはおそらく間違いないだろう。

なぜなら、いわゆる団塊の世代の人たちが老いを迎えるころには、老後のライフスタイルの多様化がいま以上に進むことが予想されるし、加えて、過密の進行などによって大都市の居住

三角屋根のミニ別荘が立ち並ぶ大洋村。その一部には、大都市の老人たちが移り住んで老後を過ごしている。

環境がより一層悪くなれば、これまで大都市で老後を過ごそうと考えていた人たちのなかからも、それならいっそのこと新天地の農村に移り住んで老後を過ごしてみようかと真剣に考える人が少なからず出てくると思われるからである。

かねてから私は、老後の社会移動の問題、とくに大都市から農村に向かう老人たちの動きに少なからぬ関心を寄せてきた。そして、折にふれてあちこちの農村に出かけて行っては、まだ数は少ないものの、大都市から移り住んで老後を過ごしている老人たちを探し出していろいろ取材を試みてきた。

住み慣れた大都市をあえて離れ、新天地の農村で老後を過ごそうと思ったのはなぜか、また、その新天地でどのような老後を過ごしているのか、そんな老後の過ごし方に満足しているのかといったことを、彼らからじっくり聞いてみたいと思ったからである。私事で恐縮だが、私自身もいずれは新天地に移り住むことを、老後の選択肢の一つとして真剣に考えてみたいという密かな思いもあった。

そしてここ大洋村にも、かなりの数の老人たちが老後を過ごすために東京などから移り住んで暮らしていることを知り、そういうことなら彼らの話もぜひ詳しく聞いてみたいと思い、私は村を訪れたのである。

自然を求めて

■思う存分土いじりを

「今年はさつま芋のできが、思ったよりよかったんですよ」

ジーンズの野良着姿がすっかり板についた野崎昌子さんは、庭につくられた野菜畑での作物の収穫に余念がない。こんがりと陽に焼けた顔に、いくつもの大粒の汗が浮かんでいる。かたわらには、とれたばかりのさつま芋がつるや土がついたままうず高く積まれているが、どれも丸々と太っていて色つやもよく、いかにも美味しそうだ。

大都市の老人たちが大洋村に移り住んだ動機や事情はさまざまなのだが、やはりもっとも多いのは、農村の豊かな自然に魅せられ、そこで土いじりなどの趣味を楽しみながら、のんびり老後を過ごしたいという動機でやってきた人たちである。

村にきてからすでに六年になる最古参の野崎さんも、そんな自然を求めてやってきた一人。東京から単身で移り住んだ。大洋村には夫婦二人できた人がもっとも多いのだが、野崎さんのように単身でやってきた人も少なくない。

東京にいたころの野崎さんは、若くして亡くなった夫になり代わり、保険の外交員をしながら五人の子どもたちを育て上げた。女手一つで仕事に子育てにと、休む暇なく頑張ってきたそうだ。歳はすでに七十を越えているが、いまもまだ元気はつらつとしていてお世辞抜きで十ほど若く見えたのは、長い間気を張りつめて仕事に打ち込んできたためだろう。

さて、長いこと東京で暮らしてきた野崎さんが、老後をあえて見ず知らずの大洋村で過ごそうと決めたのはなぜか。それは、どうしてもそこでやってみたいことがあったからである。

「仕事をやめた時、長男夫婦が同居して一緒に暮らそうといってくれたんです。嬉しかったのですが、はっきりと断りました。それまで私は、仕事のかたわら趣味で区営の小さな農園を借りて土いじりのまねごとをしていたんですが、それがだんだんおもしろくなってきましてね。いつか自由な時間ができたら、広々とした自然のなかに自分の農園をつくって、思う存分土いじりをやってみたいと思っていたんです。せっかくの子どもの同居の誘いを断ってまで大洋村に移り住もうと決めたのは、その夢をどうしても実現させたかったからなんですよ」

大自然のなかの自分の農園で、思う存分土いじりを楽しみたい。好きな趣味を楽しみながら、一人でのんびりと老後を過ごしたい。大洋村の豊かな自然とそこで売りに出されていた菜園つき別荘は、そんな彼女の夢を実現させるのにまさにぴったりだったのだ。

もっとも、当初子どもたちは母の大洋村行きに猛反対だった。年寄りが慣れない土地で一人で暮らすことなど、危なっかしくてとても見ていられなかったのだろう。また、自分たちが親を見捨ててしまったようで世間体が悪いという、子どもとしての体裁や面子《めんつ》もあったようだ。

しかし、「いままで長い間、自分を犠牲にしてあなたたちのために働いてきたのだから、一生に一度くらいは母のわがままを聞いてほしい」という彼女の熱意がそれを上まわり、結局子どもたちはしぶしぶながらも了解、五人の子どもたち全員でミニ別荘購入代金五百万円の半分を負担してくれたうえ、最後は「行くからには、気の済むまで存分に楽しんできて」と、気持ちよく送り出してくれたという。

野崎さんが移り住んで暮らしている家は、村はずれの静かな雑木林のなかにある。建売りのミニ別荘を一年通して住めるように増改築したもので、一人暮らしには十分な広さだ。庭もやや広めの百坪ほどあり、そこに野菜畑と花畑、それに小さな温室や農機具庫まで備えた立派な農園ができている。

温暖な土地柄だけに、三月から十一月ころまでさまざまな種類の野菜づくりや花づくりを楽しめる。毎年秋の収穫期には、とれたての野菜などを東京にいる子どもたちのもとにたっぷり送り届けるという。

「今年は、お芋をたくさん送れそうですよ」

さつま芋の山を前に、野崎さんは嬉しそうに顔をほころばせた。彼女が若々しく見えたのは、長い間仕事に打ち込んできたというだけでなく、好きな土いじりをいま思う存分楽しんでいるためでもあるようだ。

■季節利用から老後の常住へ

土いじりのような趣味が目的ではないが、やはり豊かな自然に惹かれて大洋村にやってきたのは、森田藤吉さんと京子さんの夫婦である。森田さんは七十になったばかり、京子さんは六十代の後半。二年前に、夫婦二人でやはり東京から移り住んだ。

「仕事をしている時は季節ごとに時々くるだけだったが、そのうちに二人ともこの村がすっかり気に入ってしまってね。仕事をやめて何もすることがなくなったら、ぜひここに移り住んで暮らそうと決めたんだ」

森田さんの説明に、京子さんもその通りというようにうなずく。

森田さんは、東京では長いこと不動産関係の仕事をしてきた。当初の予定では、仕事をやめたら都内にある自宅で、四十を過ぎていまだに独身でいる次男と一緒に老後を過ごす心づもりだった。いずれ次男が結婚にこぎつけたら、彼ら夫婦と四人で同居して仲よく暮らしたいとも思っていた。

しかし、森田さんが退職まであと数年という時になって、妻の京子さんが胃を悪くして大手術をすることになってしまう。さいわい手術はうまくいったのだが、担当した医者から時には静かなところに出かけてゆっくりと静養したほうがいいと勧められ、そこで購入したのが、たまたまチラシで見た大洋村のミニ別荘だった。

気候のいい春や秋の週末ごとに、夫婦二人揃って大洋村を訪れる。何日間かミニ別荘に滞在してのんびりした時間を過ごす。そうこうしているうちに、森田さんも京子さんも、緑が多く空気もきれいな大洋村が思いのほか気に入り、それならばいっそのこと、退職を機に思い切ってこの村に移り住んでしまおう、そう決めてしまったのである。

ちなみに、現役の時には、ミニ別荘を夏休みや週末だけのセカンドハウスとして利用し、その後それをきっかけに老後の常住へと移行するというパターンは、大洋村では森田さん夫婦以外にもよく見受けられるところである。

「それと、私たちには子どもの結婚の問題もありましたから」と、妻の京子さんが小声でつけ加える。

「いつまでも病弱な親と同居していたら、次男の結婚がますます遅くなってしまうのではないかと気になりましてね。それで、自宅の管理はすべて次男にまかせ、私たちはこちらに移ってそれぞれ身軽に暮らすほうが、子どもの結婚のためにもいいだろうと思ったんです」

子どもの将来を気づかう親心も、彼らが大洋村にやってきたもう一つの大きな理由だったようだ。

森田さん夫婦が移り住んで暮らす家は、村のほぼ真ん中、平坦な畑が広がるそのきわにある。一日じゅう陽当たりがよく、まわりもいたって静かで、また家からちょっと歩けば緑豊かな森や林がそこここにあって、のんびりする以外何もする必要のない夫婦が、日がな一日過ごすには申し分のない環境である。

親が暮らしているのはどんなところなのか、そこで二人は元気に暮らしているのか、別れた親の様子が心配だったのだろう、東京の自宅を守る次男が、それとなく大洋村を訪ねてきたことがあったそうだ。

「でも、まわりの環境を一目見て何もいわずに帰って行きました。ここなら私のような病弱な人間でも大丈夫だと安心したんでしょうね」

京子さんはそういって微笑んだ。

■もっぱら夫唱婦随で

豊かな自然を求めて大洋村にやってきた老人たちは、むろん野崎さんや森田さん夫婦のほかにもたくさんいるので、もう何人か紹介しておこう。

たとえば、若いころから釣りバカを自認してきた吉田和雄さんは、その釣りを目あてに妻の菊江さんとともに東京から移ってきた。吉田さんによれば、村の西側に広がる北浦は鮒釣りならだれもが一度は腕を試してみたいと思う憧れの釣り場だそうで、老後はそこで鮒釣り三昧の毎日を送ることが彼のかねてからの夢だったという。また、沢本卓次さんと千恵子さんの夫婦も、二人の共通した趣味である水彩画を描きながらのんびりとした老後を過ごしたいと、沢本さんが定年退職すると同時に東京の家を引き払ってやってきた。

野崎さんや森田さん夫婦にしても、またこの吉田さん夫婦や沢本さん夫婦にしてもそうだろうが、これまで長い間、ごみごみした大都市の片隅であくせくしながら暮らしてきたに違いない。そして、そんな暮らしを続けるのがほとほと嫌になってしまったに違いない。それだからこそ、せめて老後だけでも、農村の豊かな自然のなかで好きな趣味を思う存分楽しみながらのんびりと暮らしたい、そんな強い思いを抱いてはるばると新天地の大洋村にまでやってきたのだろう。

もっとも、新天地で老後を過ごしたいと思っても、それを本当に実行に移すとなると、越えなければならない障害がいろいろと出てくるのも確かである。新天地に新しい家を確保するためにはそれ相応の経済的負担が必要だし、加えて家族から強い反対を受けたり、自分自身でも見ず知らずの土地で暮らす不安などが先に立ったりして、結局、それを実行にまで移そうという人はかなり限られてしまうことになる。

野崎さんをはじめこれまで紹介した人たちも、大洋村に移り住むにあたってはむろんそうした越えなければならない障害がいろいろとあったはずである。しかし、それでも彼らはあえてそれをはねのけて実行にまで移したわけで、そこには、どうしても新天地に移り住んで暮らしたいという彼らの強い思いがあったことがうかがえるのである。

彼らの話を聞いていて、もう一つ気づいたことがある。

それは、吉田さんの妻の菊江さんが「退職を控えた夫から突然、大洋村に行って暮らそうといわれた時には、思ってもいなかったことなので正直びっくりしましたね。主人はいい出したらきかない人なので、私は黙ってついてきました」といっていたことからもわかるように、夫婦で移り住んだ人たちの場合、その実行に熱心だったのはどちらかといえば夫のほうで、妻はその夫にしたがってやむなくついてきたケースが多かったことである。つまり、大洋村行きはもっぱら夫唱婦随で実行されたというわけだ。

おそらく、それまで仕事や会社にばかりかまけてきた夫たちは、いざリタイアしてみると、これから暮らしていくことになる近隣のコミュニティのなかに、親しい仲間や自分のしかるべき居場所を見つけ出せなかったのではないだろうか。それならいっそのこと、そんな大都市での暮らしに見切りをつけ、一から新しい暮らしを始められる新天地に移り住んで老後を過ごしたほうがよい、彼らはそう考えたようだ。

それにたいして妻たちはといえば、まわりには親しい仲間もたくさんいるし、そこで自分のやりたいこともあり、できればそんな住み慣れた大都市で老後を過ごしたかったのではないだろうか。おそらく彼女たちは新天地に移り住むことに夫たちほどは乗り気ではなかったに違いない。吉田さんの妻の菊江さんのように、新天地のことなど頭から考えていなかった人もけっこういたはずである。

しかし、そんな妻たちも、夫たちの熱意の強さに押し切られたのか、あるいは夫たちの夢を聞いているうちに、ここは一つ自分も夫と一緒にやってみようという気になったのか、どちらかはわからないが、いずれにしても結局は夫の希望にしたがって、夫婦揃って大洋村にやってきたのである。取材するなかで、夫婦それぞれが語る話を注意深く聞いていると、大洋村に移り住むに至るまでのそんないきさつが、私にはそれとなく察せられたのである。

わけあり組事情

■安い家を求めて

大都市から農村の新天地に移り住むなどというと、だれもが野崎さんや森田さん夫婦のような自然を求めてやってきた人たちのことを思い浮かべるのだろうが、じつは大洋村に移り住んだのはそんな人たちばかりではない。

いろいろ聞いてまわってみると、なかにはゆえあってやむなく大洋村に移り住まざるをえなかった、いわゆるわけあり組の人たちもかなりいるようである。当然のことながら、彼らが大洋村にやってきた動機や事情は、自然を求めてやってきた人たちとは著しく対照的である。

「長男として親から譲り受けたのは、土地でも家でも金でもなく面倒を見なければならない母親だけ。それではどうあがいたって東京に家など持てないよ」

いかにもさえない面持ちでつぶやく山崎勇一さんも、そんなわけあり組の一人。妻の昭子さんと山崎さんの母親の三人で、つい一年ほど前に大洋村にやってきた。夫婦はともに六十代の後半、母親はすでに九十に近い。

それまで山崎さん夫婦は、東京の下町にある工場の従業員寮で、工員兼住み込みの管理人として働いてきた。母親も一緒だった。三人一緒に暮らせる広い住まいを自由に使わせてもらえたからだ。しかし、六十五の定年を迎えて、山崎さんははたと困ってしまう。退職とともに、長く住んできたその住まいを立ち退かざるをえなくなったからである。

手持ちの金は、退職金も含めて一千数百万円ほど。若ければ、これを頭金にローンを組んで、都内に中古のマンションくらい買えたかもしれないのだが、退職して年金以外に収入のなくなった山崎さんにとって、それは無理な話である。賃貸のマンションかアパートを借りるにしても、母親と同居できる広さの部屋となるとやはり家賃がかさみ、年金だけでは日々の生活が苦しくなってしまう。

そんな時、ふと山崎さんの目にとまったのが、大洋村のミニ別荘の広告だった。建売りの家なら五百万円ほど、母親と同居できる少し広めの家を注文して建ててもらっても、七、八百万円ほどあれば足りる。

住む場所さえ確保できれば、あとは残った貯金と年金で細々ながら何とか暮らしていくことができる。「私を見捨てないで」と泣きつく母親の面倒も、引き続いてみてやることもできるだろう。こうして山崎さんは、年寄りが三人揃って見ず知らずの土地に移り住む心細さを感じながらも、あえて大洋村行きを決断したのである。

「私としては、できれば住み慣れた東京でずっと暮らしたかったんだが、母親を抱えて路頭に迷っている身では、そんなわがままはいってはいられない。とにかく三人一緒に住める家さえあればどんなところでもいいと、ここにくるのを決めてしまったんだ」

山崎さんにとってはかなり不本意な決断だったようだ。

そんな山崎さんがしぶしぶながらも移り住んだ家は、小高い山の中腹を切り開いた、やや傾斜のきつい土地に建っている。地盤が不安定そうで、大雨でも続いたらちょっと危険かなという感じがしないでもないが、その代わり建物のほうは注文して建ててもらっただけになかなか立派なもので、三人で暮らしていくには十分な広さもある。

「とりあえず雨露をしのげる家が持てたのでほっとしたという気持ちと、やはり東京で暮らしたかったという未練、それにこれからどうなることやらという不安がないまぜになっていて、この家の地盤のように、私の気持ちもまだ不安定で落ち着かないよ」

山崎さんはそう話しながら、家のまわりに広がる緑の多い風景にぼんやりとした目を向けた。東京への未練を残したまま、不本意ながらも遠く大洋村くんだりまでやってきてしまった山崎さんだけに、野崎さんや森田さん夫婦が魅せられたこの村の豊かな自然をゆっくり味わう余裕など、いまはまだないようだ。

ちなみに、安い家を求めて大洋村に移り住んだ人は、この山崎さん夫婦のほかにもかなりいて、たとえば、東京から単身でやってきた渡辺ヨシさんの場合は、嫁との不仲がもとで子ども夫婦との同居がかなわず、それならば一人でアパート暮らしをしようとあちこち探してはみたものの、一人暮らしの老人には部屋は貸せないとどこからも断られてしまったために、やむなく大洋村の安いミニ別荘を買い求めて移り住んだという。

また、横浜からやってきた長沢幸一さんと房江さんの夫婦の場合は、国道の拡幅事業によってそれまで長く住んでいた借家を取り払われてしまったのだが、立ち退きの補償金が思っていたより少なく横浜では代わりの家を確保できなかったため、やはりやむなく大洋村の安いミニ別荘を買って移り住むことになった。

「できれば住み慣れたところを離れたくはなかったのだが、住むところがないのだからやむをえなかった」

彼らもまた山崎さんと異口同音に嘆くのを聞いて、大都市には老後を過ごすために最小限必要な家の確保さえもままならない老人たちが少なからずいるという現実を、私は大都市から遠く離れたこの大洋村であらためて知らされた。

■隠れ住むために

わけあり組のなかには、ちょっと変わった事情で大洋村にやってきた老人たちもいる。工藤貞夫さんや寺原純一さんなどは、大都市での暮らしや人間関係の煩わしさから逃れて隠れ住むためにやってきた、さしずめ世捨て人とでもいえようか。

工藤さんは、新潟から上京して以来ずっと東京で暮らしてきたのだが、いろいろわけあって転職と離婚を何度も繰り返し、あげくに強度の抑鬱症状や睡眠薬の常用による体調不良に悩まされ続けるという、何とも波乱の人生を歩んできた。彼によれば、「自分は大都市の暮らしにうまく適応できなかった」ということだ。

そのまま東京にいて心身を消耗させれば、いずれは身の破滅。薄暗いアパートの一室でみじめに野垂れ死にするのは目に見えている。

「せめて死ぬまでのちょっとの間だけでいいから、だれにも煩わされないところで静かに暮らしてみたい」

そう考えた工藤さんは、三年ほど前の六十五歳の時に、唯一気の許せる愛犬とともに大洋村にやってきたのである。

ミニ別荘の購入費用は、大洋村に移り住むことを決断してから食うや食わずで蓄えた。安いミニ別荘のなかでもとくに安いものを選んで買っただけに、いかにも安普請の、まさしく掘っ建て小屋のような家だ。それでも、工藤さんがやっとの思いで手に入れた自分の家、安息の家である。

「ごらんのように吹けば飛ぶようなちゃちな家だけど、私の先行きもそれほど長くはないだろうから、そのころまでは何とかもつだろう。その間、東京にいたときよりも少しはましな暮らしができればいいと思っているよ」

工藤さんは、やや気だるそうな表情を顔に浮かべてそう話した。

また、寺原さんはといえば、愛する妻を失ったことによる心の傷を抱えながら、二年前にやはり一人で埼玉県から移ってきた。

寺原さんは、美術大学の彫塑科《ちょうそ》を出て家業の人形制作の仕事を継承、結婚した妻をモデルにして美しい人形を数多くつくり続けてきた。しかし、その妻が五年前、急な病気であっけなく亡くなってしまったのである。それからというもの彼は人形づくりへの意欲をすっかり失い、さらにその後は生きる気力さえもしだいになくしていったのである。人形のモデルに使うほど愛していた妻の死が、彼にとっては相当なショックだったのだろう。

「これまで妻とは何をするにも一緒だったのに、その妻に突然死なれてしまったものだから、何もかも嫌になってしまってね。何もせず人ともつきあわないで、一人ひっそりと暮らせるところに行きたいと思ったんだ」

こうして寺原さんも、それまでの暮らしや人づきあいのすべてから逃れるようにして、大洋村のミニ別荘にやってきたのである。家などはすべて処分し、持ってきたのは最小限の家財道具に妻の位牌と写真だけだったそうだ。事情は異なるとはいえ、大都市での暮らしや人間関係の煩わしさから逃れて隠れ住むためにやってきたという意味では、彼もまた工藤さんと同じ世捨て人ということができるだろう。

ちなみに、工藤さんと寺原さんの取材にあたっては、まわりからほとんど目につかない山林のなかの小さなミニ別荘で、文字通りひっそり隠れるように暮らしているところをようやく探し当てて話を聞くことができたのだが、村のなかをもっと丹念に探してみれば、彼らと同類の老人たちがまだほかにも見つかるかもしれない。

■意外に目についた老婚夫婦

わけあり組といえば、ミニ別荘の老人たちを訪ねるなかで意外と目についたのが、老人同士で再婚したいわゆる老婚夫婦である。私が会って話を聞いた三十組以上の老人たちのなかに、そんな老婚夫婦が少なくとも三組はいたから、村全体ではそれなりの数になるに違いない。

たとえば、安井賢一郎さんと坂口敬子さんも、名字が違うことからもわかるように内縁ではあるが、れっきとした老婚夫婦。二年前に二人そろって東京から移り住んだ。安井さんは七十代、敬子さんは六十代の半ばになる。

　安井さんはかつて、クリスタルガラスの製造で有名な大会社やその関連団体の要職にあって、世界をまたにかけて活躍してきた。一方敬子さんは、安井さんと同じ町内に住んでいた文具店の後家さんである。

　二人とも連れ合いを亡くしたあと、それぞれの長男夫婦と同居して暮らしていたのだが、いずれもお定まりの嫁との不仲。そんなときたまたま二人は知り合い、互いに相手の境遇に同情するうちにすっかり意気投合、再婚しようということになったのである。

「連れ合いをなくしてから、できれば早く新しい相手を見つけたいと思っていたが、さいわい坂口さんというよい相手に巡り合うことができた。でも、いざ一緒になろうとすると、いろいろと難しい問題にぶつかってしまってね。とくに、再婚にいい顔をしない子どもたちや好奇心に満ちた隣近所の目には、私もかなり悩まされたよ」

　いまの日本では、老婚というのは悲しいかなまだ家族や世間から歓迎される慶事とはなっていない。むしろ、白い目で見られたりする。そのため、実際に老婚に踏み切ろうとすれば、安井さんが悩まされたようにさまざまな困難がつきまとうことになる。

「結局、それまでのしがらみをすべて断ち切り、思い切って遠いところに行って再出発するのが一番の方法だと思ったんだ」

二人で大洋村に移り住んだ動機を、安井さんはそう説明する。

また敬子さんも、「私と嫁との仲が悪くなったら、息子夫婦の仲まで悪くなって家族が壊れかけてしまいましてね。息子は店の商売にまったく身が入らないありさまでした。そんな時、安井さんから一緒に大洋村に行かないかという話があったんです。私もまだ六十を過ぎたばかり。あと十年くらいは苦労してもいいかなと思って決心したんです」といいそえる。

むろん、二人がこの企てを口にすると、予想通り双方の子どもたちから反対の大合唱が起こった。再婚自体が気にくわないのに加えて、人目につかないところにこそこそ逃げていくようなことは断じて許せないというわけだ。

しかし、当人たちの決意は固く、結局、相続の時に無用なもめごとが起きないように籍は入れないこと、どうしても大洋村に行くからには、困ったからといって途中で東京に舞い戻ってくるようなまねはしないことという、彼らからの二つの条件を受け入れてようやく承諾させたという。

安田さん夫婦が移り住んで暮らす家は、大洋村の南のはずれ、隣の大野村との境に近い畑のなかにある。やはり、まわりには豊かな緑があり、また鳥のさえずり以外には物音もしない静かなところだ。

東京を離れてすでに二年、二人はいまだれにも煩わされることなく、新天地での新しい暮らし、第二の人生を楽しんでいる。第二の人生のスタートはまず身のまわりをきれいにすることからと、建売りのミニ別荘を見栄えのよいようにそこここに手を加え、庭の手入れも怠らない。「安い家なので造りは粗末ですが、外見だけでもきれいに見せなくてはと思いましてね。私もしっかり化粧をしてせいぜいきれいに見せたいと思います」と、敬子さんは安井さんと顔を見合わせながら明るく微笑んだ。

■大都市の社会問題の縮図

じつは正直にいうと、私も取材に訪れる前は、大洋村に移り住んだ老人たちのほとんどは、農村の豊かな自然に惹かれてやってきたのだろうと単純に考えていた。しかし、多くの老人たちに会い話を聞いて初めて、それ以外にも、さまざまな事情ゆえにやむなく大洋村に移り住まざるをえなかった、いわゆるわけあり組の人たちがかなりの数いることを知ったのである。

山崎さん夫婦のように、大都市では家が持てなかったためやむなく大洋村の安いミニ別荘を求めてやってきた人たち、工藤さんや寺原さんのように、大都市での暮らしや人間関係の煩わしさから逃れて隠れ住むためにやってきた人たち。また安井さん夫婦のように、必ずしも周囲から祝福されなかった第二の人生を、新天地の大洋村であらためてやり直すべくやってきた老婚夫婦など。

そのほかにも、さまざまな事情を抱えてやってきた人たちがまだたくさんいるはずで、おそらくそうした人たちの数を全部合わせると、自然を求めてやってきた人たちの数に匹敵するのではないかと思われる。

あらためていうまでもないことだが、東京のような大都市には、老人たちにとって暮らしやすい面がいろいろとある。交通は便利だし、医療機関や文化施設なども充実している。老人たちが老後を過ごす場所としては、そうした利便性や快適性を備えた大都市こそがふさわしいと力説する専門家もいる。そのため昨今では、わざわざ郊外から都心のマンションなどに移り住んで老後を過ごしている人たちもかなり増えているようである。

しかし、これもまたいうまでもないことだが、大都市には大都市ならではの暮らしにくい面もいろいろとある。住居の確保が難しいことや、冷たく殺伐とした人間関係などがそうだが、そんな大都市の暮らしにくさに苦しめられたり悩まされたりしている老人たちもけっして少なくない。

そしてそのなかには、その暮らしにくさにどうしても耐えられず、やむなく大都市から逃げ出さざるをえなくなった人たちもいるわけで、私が大洋村で会って話を聞いたわけあり組の老人たちの多くは、まさしくそういう人たちだといってよいだろう。

つまり大洋村は、豊かな自然を求めてやってきた大都市の老人たちにその場を提供しているだけでなく、そんなやむにやまれぬ事情を抱えてやってきた老人たちのための大きな受け皿にもなっているわけだ。大洋村やそこにあるミニ別荘群が、時に大都市の社会問題の縮図といわれたり、さらには「姥捨山」とか「姥捨村」などというありがたくない名前で呼ばれることがあるのはそのためである。

極楽浄土は泥んこ道

■生きたまま極楽浄土にいる気分

ミニ別荘販売用のチラシには、売らんがための宣伝文句があれこれ書かれていたが、こと大洋村の自然の素晴らしさについてだけは宣伝に偽りはなかったと、移り住んだ老人たちのだれもが口を揃えていう。

野崎さんなどは、まさにその自然に惹かれて大洋村にやってきただけに、手放しでその素晴らしさを礼賛する。

「秋の一日、土いじりで心地よい汗を流したあと、黄金色の太陽が雑木林の間をキラキラとゆらめきながら沈んでいくのを一人静かに見ていると、生きたまま極楽浄土にきているような気がします」

やはり大洋村の自然に惹かれてやってきた森田さん夫婦も、思いは同じである。

二人の村での一日は、日の出とともに起き出すことから始まる。家のまわりの畑や近くの林のなかを、四季折々に変化する風景をながめ、野鳥のさえずりを聞きながらゆっくりと散歩する。散歩から戻ると、のんびりと朝風呂につかり、明るい日差しのなかで新鮮な野菜をたっぷり添えた朝食を楽しむ。

気候のよい時には、車で鹿島灘まで足をのばし、潮風に吹かれながら二人で海辺をそぞろ歩くこともある。

そんな毎日を過ごしていると、「豊かな自然のなかで暮らす喜びを、心の底から実感する」という。そのためか、東京にいたころにはいまいちすぐれなかった妻の京子さんの体調が、村にきてまる二年経ったいま、目に見えてよくなってきたということだ。

自然の素晴らしさを実感しているのは、何も自然を求めてやってきた人たちばかりではない。安い家を求めてやってきた山崎さん夫婦のところでも、山崎さん自身はまだまわりの自然に目を向ける余裕などないようだが、妻の昭子さんはといえば、「主人のいうままにあまり期待もしないでついてきたのに、いざきてみると緑はたくさんあるし、静かで落ち着いたところなのでとても嬉しくなりました。ここなら気持ちよく暮らせそうですよ」と、大洋村の環境が思いのほか気に入ったようだ。

そして、東京から逃れるようにしてやってきた工藤さんも、大都市にはない自然の素晴らしさを素直に口にする。

「東京にいたころは、自然なんかとはまるで縁がなかったからね。緑がいっぱいあることがこんなにも心休まるものかと、ここにきて初めて知ったよ」

豊かな自然にかこまれた新天地での暮らしは、大洋村に移り住んだほとんどの老人たちにとって大きな魅力、大きな喜びとなっているようだ。

また、大洋村にきてみてよかったと思うことの一つに、日々の暮らしにほとんど金がかからないことをあげる人も多い。

大都市の自宅を処分してやってきた一部の老人たちは、ある程度の額の貯金を持っているのだろうが、それ以外の多くの人たちはなけなしの貯金をはたいてミニ別荘を購入してしまったため、手持ちの貯金はわずかしか残っていない。したがって、彼らは限られた年金収入の範囲内で細々と暮らしていかざるをえないのだが、実際に暮らしてみると出費は思ったより少なく、月にせいぜい十万円ほどしかかからないという。それも、無理をして節約しているわけではなさそうだ。

家賃がいらないこと、親類縁者とのつきあいに金がかからないこと、季節によっては野菜や果物が自給できることなどが、出費の抑制につながっているのだろうが、それ以上に大きな理由として、四六時中消費の欲求を刺激され続ける大都市と違って、農村の素朴な暮らしのなかでは、あれこれ贅沢をしたい、あちこち遊びまわりたいなどという俗っぽい欲求がそれほど沸いてこないこともあるのだろう。

わずかな国民年金だけが頼りの工藤さんなどは、「最低限の食費と光熱費以外ほとんど金の使い道がないし、体の調子もよくなってきたから医者にもあまりかからないで済んでしまう。その気になれば月に七、八万円もあれば十分暮らしていけるよ」と胸をはる。

そしてもう一つ、移り住んだ老人たちのだれもがとりわけ印象深く感じているのが、村の人たちがすこぶる親切で人情味があるということだ。

道で出会えば、大人も子どもも笑顔であいさつしてくれる。それも、こちらが思わず恐縮してしまうくらい丁寧に。遠出の散歩の途中で道に迷って困っていた時、たまたま通りがかった村の人が道案内しながらわざわざ家まで送ってきてくれたと、恐縮しきりの人もいる。これまで大都市の殺伐とした人間関係のなかで、年寄りを人間扱いしないような無神経な連中ばかり相手に暮らしてきた老人たちにとっては、そんなささいなことも身にしみてありがたく感じるのだろう。

また、村の人たちはほとんどが農家なのだが、農作業の帰りがけにわざわざダイコンを届けてくれる人がいたり、出荷のタイミングを逃したブロッコリーや時期の終ったいちごの畑で、「残りものだけど好きなだけ採っていきなさいよ」といわれて、たまげた人もいる。庭に広い農園を持つ野崎さんなどは、「春先になると、近所の農家の人がトラクターを持ってきて、あっという間に土を起こしてくれるので、力のない年寄りには本当に助かります」と、村の人たちの好意に人一倍感謝している。何でも金しだいのこの世の中では、村の人たちのそんな損得勘定抜きの何げない好意もまた、老人たちにとってはことのほか嬉しく感じられたに違いない。

「豊かな自然と親切な村の人たちにかこまれながら、自分のやりたいことをしてのんびり暮らす。こんな贅沢なことはありません。東京では、家のなかや街の片隅で小さくなって老後を過ごしている年寄りがたくさんいると思いますが、そういう人たちにも、ぜひ一度ここでの暮らしを味あわせてやりたいですね」

最古参の野崎さんは、もう六年近くにもなる新天地での暮らしを振り返りながら、そう自信をもっていい切る。長い経験をふまえての感想だけに、さすがに説得力がある。野崎さんのように自然を求めて自らすすんでやってきた人はもちろんだが、おそらくほかの多くの老人たちにとっても、農村の新天地に移り住んで老後を過ごすことが、住み慣れた大都市にとどまって老後を過ごす以上の、大きな満足をもたらしているといってよさそうである。

■難儀させられる泥んこ道

しかし、農村の新天地での暮らしがそんないいことずくめでないことは、むろんいうまでもない。宣伝のチラシにはけっして書かれていない、悩ましい問題がいろいろあるのもまた事実である。

たとえば、買い物など日常生活の不便さもその一つだろう。大都市と比べれば、農村というのはもともと不便なところなのだが、加えて、ミニ別荘の多くがいままでだれも住んでいなかった、集落のはずれのようなところに建っているから、不便さは倍加されることになる。ちょっとした身のまわりの買い物でも、最寄りの集落のなかにある商店までかなりの距離を歩いて行かなくてはならないし、まとまった買い物であれば、スーパーのある隣の鉾田町にまで出かけて行かざるをえない。

また、少なくとも一つや二つの持病がある老人たちにとってもっとも気がかりなのは医療の問題だが、肝心の病院が大洋村にはない。唯一あるのは、村が場所を提供して、外部の医師が通いで週に何回かやってくる小さな診療所だけで、風邪をひいたくらいならそこで何とか間に合うが、ある程度設備の整った病院や専門の診療科目のある医療機関となると、やはり鉾田町か鹿島町（現在は鹿嶋市）まで行かなければならない。

老人たちの三分の一くらいは、車を持っているので何とかなる。しかし、車を持たない残りの人たちは、スーパーに行くにしても病院に行くにしても、バスか列車を利用することになる。国道か鉄道の駅まで二、三十分かかって歩き、さらに一時間に一本ほどしかないバスか列車で往復すると、まる一日がかりになってしまう。暇はあるから時間がかかるのはかまわないのだが、体のほうがへとへとになってしまう。

あの野崎さんなどはあまりの不便さに思いあまって、危険を承知のうえでバイクの免許を取ったという。

「年寄りなんだから危ないことはやめてくれと、子どもたちからひどく叱られましたが、ここで暮らしていくためにはやむをえません」と、彼女は苦笑する。

家まわりの生活環境が悪いことも、大都市の快適さに馴染んできた老人たちにとっては、大きな悩みの種のようである。

たとえば道路の問題。最近は農村の道路事情もかなりよくなったといわれるが、それは県道や村道など主だった道路の話。ミニ別荘の多くが農道や林道の奥に建っているので、そのまともな道に出るまでがたいへんなのである。ほとんどが車一台がやっと通れるほどの細い道、しかも舗装がされていないため、農作業用のトラクターなどがつけた轍《わだち》ででこぼこになっていて、雨の日などにはひどくぬかるんでしまう。

老婚の安井さん夫婦の家も、村道からはかなり離れた農道の奥にある。さいわい安井さんは車の運転ができるので、買い物などにあまり不便を感じないで済んでいるが、それでもちょっと強い雨が降ったりすると、泥んこになった道で軽自動車のタイヤがスリップして難儀させられることがしばしばあるという。

また、生活用水の問題もある。大洋村にはもともと水道の設備がないので、水は別荘の団地ごとに井戸からポンプアップして各戸へ配水しているが、開発業者が作った井戸のほとんどが浅掘りのため水質がきわめて悪く、そのままでは飲料用に使うことができない。しかも、夏休みなどに別荘利用族が大勢やってくると、水圧が下がって端のほうの家では水の出が極端に悪くなってしまう。

移り住んだ老人たちの多くは、やむなくそれぞれ個人の負担で深い井戸を掘り直したのだが、費用を出せない人は泣く泣く我慢せざるをえないということだ。

そのほかにも、シーズン以外は無人のミニ別荘が多くなるため、しばしば小さな物盗りが発生するなど治安の悪さにたいする不安もあるし、近くにゴミ回収ステーションがないため、ゴミをいちいち最寄りの集落のステーションまで運んでいかなければならない煩わしさなどもある。

■胸のうちにわだかまるもの

「ある程度の不便さは、我慢して暮らしていかなければならないのだろうね。ここは都会とちがって田舎なんだし、村の人たちだってずっと昔から同じ不便な思いをしながら暮らしてきたんだから」

日ごろの悩みをかろうじて胸の奥にしまって、安井さんはいう。

また野崎さんも、「もともとは別荘として建てられた家に、私たちが勝手に住み着いてしまったのですから、不便だとか、住み心地が悪いだとかあれこれ文句をいうのは、筋違いなのでしょう」と、遠慮がちにいう。

豊かな自然と、大都市のような利便性や快適性がもともと両立しえないことは、安井さんにしても野崎さんにしてもよくわかっているのだろう。また、外から無理やり押しかけてきた自分たちが、あまり偉そうなことはいえない立場にあることも、よく承知しているに違いない。「それにしても」と、安井さんは胸の内にわだかまるものを、ちょっぴりさらけ出すようにいう。

「せっかく素晴らしい自然に恵まれているのに、身のまわりの環境が悪いために気持ちよく暮らせないのはいかにも残念だよ。業者でも役場でもどこでもいいから、道路などにちょっと手を加えてくれれば、私たちももう少し気持ちよく暮らしていけるのだが」

大声では口にできないそうした思いは、おそらく大洋村に移り住んで暮らす老人たちの多くに共通するものだといってよいだろう。

仮の住まいか終の住処か

■腰の据え方はまちまち

アメリカの老人事情に詳しい知人の話によれば、リタイアした後フロリダなどの新天地に移り住んで老後を過ごしている彼の国の老人たちの場合、ほとんどの人がかって住んでいた大都市との縁をすっぱりと断ち切り、子どもたちとのつきあいも最小限にとどめ、新天地を終の住処と定めてそこにどっかりと腰を据えて暮らしているということだが、日本の老人たちの場合はどうだろうか。

大洋村の老人たちについていえば、新天地で老後を過ごすというライフスタイルが、日本ではまだ十分には定着していないためだろうか、彼らの新天地での暮らしぶりは必ずしも定まったかたちをとるには至っていないようだ。とくに、そこでどの程度腰を据えて暮らしていこうとしているかについては、人によってかなりまちまちのようである。

たとえば、老人たちのなかには、せっかく移り住んだというのに一年を通して村に常住せず、何かというとすぐに大都市に舞い戻ってしまう、あまり腰を据えて暮らしているとはいいがたい人たちも少なからずいる。

春から秋にかけての気候のよい時季には、村で土いじりや釣りなどに精を出すが、寒くなってやることがなくなるとそそくさと大都市に戻ってしまう、あるいは、体調のよい時には村で過ごすが、ちょっと体の調子が悪くなったりすると、かかりつけの病院でみてもらいたいからなどといってさっさと大都市に戻ってしまうといった具合いだ。大洋村にやってきてまだ間がなかったり、大洋村のミニ別荘とともに大都市にも家を持っている人たちのなかに、比較的多く見受けられるようである。

たしかに、大都市で長く暮らしてきた老人たちが、老後をいきなり見ず知らずの農村で暮らすというのは、しかも家族や親しくしてきた友人たちと遠く離れて暮らすのはかなりたいへんなことで、時には大都市の暮らしが恋しくなったり、家族の顔が見たくなったりしてしまうのも、あるいはやむをえないことなのかもしれない。その意味で、彼らにとって大洋村での暮らしは、やや長めに別荘を利用しているのとあまり変わらないということなのだろう。

ちなみに、大洋村の役場が移り住んだ老人たちの数を正確に捕捉できないでいるのは、そんな別荘利用なのか腰を据えて暮らしているのかはっきり区別のつかない、あいまいな暮らしぶりの人たちがかなりいるからである。

■元気なうちは新天地で

さて、何かというと大都市に舞い戻ってしまうそんな別荘利用感覚の人たちを除くと、残りの人たちはずっと大洋村で暮らし続けている常住者、つまり一応は新天地に腰を据えて暮らしている人たちといえるのだが、よく聞いてみれば、彼らの腰の据え方にも人によってかなりの違いがあるようだ。移り住んだ動機や事情がそれぞれ異なるのだから、それも当然のことかもしれない。

「こちらの暮らしにもうすっかり慣れましたし、趣味の土いじりがますます楽しくなってきたので、子どもや孫が病気になったというような特別な時以外は、東京に帰ることはめったにありません」という野崎さんもそんな常住者の一人である。

「私たち外から移り住んできた者は、村から貴重な自然や土地の一部をお借りして暮らしているんですから、そのせっかくの厚意を無駄にしないようにしなければなりません。寒かろうが暑かろうが村にしっかりと身を置いて、自分の土地もできるかぎりきちんと使うのが私たちの務めだと思っています」

豊かな自然に惹かれてこの村に移り住んだ以上、また村の土地を使わせてもらっている以上、村をあまり離れたりせず、どっしりと腰を据えて暮らすことが何よりも肝要というわけだ。

そんな考えからだろう、あれこれ理由をつけてちょくちょく大都市へ舞い戻ってしまう腰の据わっていない人たちは、まだ大都市の暮らしを引きずっていて本当の意味で農村に移り住んだとはいえない、村から貴重な自然や土地を借りて暮らしているという自覚が足りないと、手厳しく批判する。

「自分で金を出して土地や家を買ったんだから、それをどう使おうが勝手だろうという人もいますが、そんないい加減な気持ちで暮らしていたのでは、私たちを受け入れてくれた村の人たちに申し訳ありません」

もっともそんな野崎さんも、十年後とか二十年後とかの遠い将来のこととなると、少し考えが違ってくる。

「私は村の人間になるつもりでやってきたわけではないので、いつまでもだらだらと村に住み続けるつもりはありません。元気なうちはせいぜいここにいさせてもらいますが、体が弱ってきて自分の力だけで暮らせなくなったら、その時にはさっさと家をたたんで村を出て行くつもりです」

大洋村に移り住んだのは、何よりも豊かな自然のなかで老後を過ごすためであって、村の人間になるつもりでも、ましてや老後の面倒をみてもらうためでもない。だから、体の自由がきかなくなって村に迷惑をかけるようなことなったら、すぐにも村で暮らすのをやめて東京に帰るつもりというわけだ。さいわい東京には、彼女が戻ってくるのを待っていてくれる子どもたちがいるから、いつでも心おきなく帰ることができる。

その意味で、野崎さんとって大洋村というのは、あくまで老後の元気な一時期を過ごすための仮の住まいといったほどの位置づけで、死ぬまでずっと住み続けるための終の住処ということではないようだ。

ちなみに、そんな仮の住まい意識で暮らしているのはじつは野崎さんだけでなく、自然を求めてやってきた人たちの多くに共通しているようである。

たとえば、病弱な妻とともにやってきた森田さんなども、「夫婦二人が元気なうちはできるかぎりここで暮らすつもりだが、どちらかが死んで一人だけになってしまったら、おそらくこの家を引き払って東京に戻ることになるだろうね。二人一緒なら楽しい田舎暮らしも、一人になったらとたんに寂しくなってしまうだろうから」と、やはり大洋村が終の住処でなく、あくまで老後の一時期を楽しく過ごすための仮の住まいであることをにおわしている。

■大洋村が終の住処

大都市にも家を持っていて、また彼らを待っていてくれる家族がいれば、別荘利用感覚や仮の住まい意識で比較的気楽に暮らしていけるのだろうが、さまざまな事情を抱えてやってきたわけあり組の老人たちの場合は、そんなのんびりしたことはいっていられないようだ。彼らのほとんどが大都市とのしがらみをすっぱりと断ち切ってやってきただけに、好むと好まざるとにかかわらず大洋村を終の住処として、死ぬまでずっと暮らしていかざるをえないからである。たとえば、安い家を求めてやってきた山崎さん夫婦などもその口である。

「手持ちの貯金のほとんどをはたいて家を建ててしまったのだから、もう東京には戻りたくても戻れないね」

私が初めて訪ねた時には、東京で暮らすことにまだかなり未練を残していた山崎さんが、その後しばらくしてふたたび会ってみると、どうやら少しは気持ちも落ち着いてきたのだろう、ようやく東京への未練を捨てて、大洋村に腰を据えて暮らしていこうという気になってきたようである。

「もう何のかんのいっても始まらない。覚悟を決めて、死ぬまでずっとこの村で暮らしていくしかないよ」

　一方、妻の昭子さんはといえば、大洋村の豊かな自然が思いのほか気に入ったせいか、もうすでに大洋村を終の住処と定めて、しっかり腰を据えて暮らしていく覚悟を決めているように見受けられた。

「私たちがこの村にやってきたのも何かの縁でしょう。三人ともに死ぬまでここで頑張って暮らしていくつもりです」

　もっとも、いくら山崎さん夫婦が大洋村に腰を据えて暮らすつもりでいても、雨露をしのぐための家を確保しただけでは、まだその第一歩を踏み出したにすぎない。先にも述べたことだが、大都市で暮らしてきた人が見ず知らずの農村で暮らし続けていくのは、たいへん難しい。ましてや、高齢の母親の世話をしながら暮らしていくとなると、その難しさははるかに大きくなる。

　昭子さんもそのことは十分承知しているようで、何かにつけ便利で快適だった東京の暮らしを頭から追い払って、この大洋村でこれから先何とか平穏無事に暮らし続けていけるようにと、いまあれこれと手をつくしているところである。

　苦しい家計をやり繰りするために、少しでも値段の安い食料品店やスーパーを見つけること、また、目と膝の悪い母親を毎週最低二回は通院させなければならないので、できるだけ近間で専門の病院を探し出すこと、そして、いずれは母親が世話になるに違いない老人介護用の施設にも、いまから早めに当たりをつけておくことなどが、当面片をつけておかなければならない課題だということである。

「男より女のほうが割り切りが早いせいでしょうか、いまのところ私のほうがずっとやる気を出していますが、主人もいずれは本気になってくれるでしょう。とにかく、私も夫も早くこの村に慣れて、ふつうの暮らしができるようになればと思っています」

農村で暮らすのがいくら難しかろうと、これから死ぬまでずっと住み続けなくてはならない以上、とにかく夫婦二人で力を合わせてできるかぎり頑張るしかない、昭子さんの口調にはそんななみなみならぬ決意が感じられた。

大洋村を終の住処として死ぬまでずっと暮らしていかざるをえないといえば、老婚の安井さん夫婦なども同じ立場だが、しっかり腰を据えて暮らしてこうという思いの強さについては、彼らはほかのだれよりもきわだっているようである。

「東京にいる知り合いのなかには、いつ私たちがのこのこ尻尾を巻いて戻ってくるか興味津々で見ている人もいると思いますが、私たちはこの村の人間に生まれ変わったつもりで暮らしていこうと思っているのですから、どんなことがあってももう東京に戻るようなことはありません」と、敬子さんは自分の思いを口にする。

途中で東京に舞い戻ってくるようなまねはするなという、双方の子どもたちの厳しい声を背にしてやってきただけに、彼女の口調には、もういまさら後戻りすることはできない、ここで腰を据えて暮らしていくしかないという固い決意が込められているのがはっきりと感じ取れた。

また安井さんも、敬子さんのそんな思いに同調するようにいい添える。

「私も、東京のことや子どもたちのことは頭からすっかり追い払って、この大洋村に根を下ろして残りの人生をまっとうするつもりだよ。いまは、どうしたらこの村で充実した第二の人生を過ごせるか、あれこれと考えているところだ。東京にいたらまわりの目が気になってできなかったことも、ここではだれはばかることなくできそうだからね」

大洋村に腰を据えて暮らしていくしかないという思いの強さは、夫婦二人の気持ちのなかにしっかりと共有されているようだ。

なお、先の山崎さん夫婦やこの安井さん夫婦などの話を聞いていると、新天地に移り住んだ以上は、そこを終の住処と定めてどっかり腰を据えて暮らしていこうという老人たちが、アメリカと同じようにわが国の新天地にもぼちぼちながら現われてきたことがわかる。もっとも、山崎さん夫婦にしても安井さん夫婦にしても、新天地での暮らしが気に入ったからそこに腰を据えて暮らすというより、もう二度と大都市に戻ることができないから腰を据えて暮らさざるをえないという理由が大きいわけで、そのことを考えると、私はちょっと複雑な気持ちにさせられるのだが。

さて安井さん夫婦だが、大洋村で暮らしていくにあたって、彼らがいま心から望んでいることがある。

その一つは、自分たちの存在を村の人たちに認めてもらい、できれば村の一員として村のなかにしっかり溶け込んで暮らしたいということだ。村に腰を据えて死ぬまで暮らす以上、また村で充実した第二の人生を過ごすためにも、それがどうしても必要だと思うからである。

またいま一つは、急いで買い求めた粗末なミニ別荘を、もっとしっかりした永住用の建物に建て替えたいということだ。とりあえずいまは、見た目だけの化粧で取り繕って何とか住んでいるが、安普請の家だけにいつまでもつかわからない。おそらく、これから先十年ももたないだろう。できればこれを、死ぬまで住み続けられるような本格的な建物につくりかえたいというわけである。

安井さん夫婦にしても、手持ちの貯金にゆとりがあるわけではないが、建て替えのための費用くらいは何とか工面しようと思っている。そのお金を子どもたちに残してやるつもりはないから、自分たちのために全部使ってしまってもいっこうに構わないとも思っている。

「私たちがこの村に本気で腰を据えようとしていることを、村の人たちに知ってもらうためにも、できるだけ立派な家をつくりたいものだね」

そう話す安田さんに、こんどは敬子さんが同調するように大きくうなずいた。

彼らのそんなぴったり息の合ったところを見ていると、二人を結びつける絆が大洋村にきてからより一層強固なものになったのではないかと察せられた。

よそ者エレジー

■つきあいの難しさ

縁あってこの村に移り住んだのだから、できるかぎり多くの人たちと親しくつきあいたい。また時には困ったことも起こるだろうから、できれば互いに助け合って暮らしていきたい。

それは大洋村に移り住んだ老人たちにとって、とりわけ山崎さん夫婦や安井さん夫婦のように、村を終の住処に定めてそこに腰を据えて暮らしていこうとしている老人たちにとっては、何よりも切実な思いだろう。しかし、そんな何でもないようなことが必ずしも容易ではなく、だれもがあれこれと苦労を強いられているようだ。

たとえば、同じ移り住んだ老人たち同士のつきあいだが、これが大洋村では意外と難しい。アメリカにあるシルバータウンやシルバービレッジのように、老人たちが一つところに集まって暮らしているいわゆる集住形態のコミュニティなら、黙っていても毎日顔を合わせることになるからつきあいも比較的スムーズにいくのだろうが、残念ながら大洋村の場合は事情がちょっと違う。

これまでにも述べてきたように、大洋村では老人たちが村内のあちこちのミニ別荘にばらばらに住み着いているため、日ごろ互いに顔をあわせる機会がほとんどないのである。そもそも、だれがどこに住んでいるのかさえ互いによく知らないのである。そんな情況では、移り住んだ老人たち同士が親しくつきあったり、助け合ったりすることなどいくら望んでもとうてい無理というものだろう。

■見ず知らずのよそ者とは

それでは、もともとの村の人たちとのつきあいはどうかというと、日常のあいさつを交わす程度ならよいのだが、それ以上の立ち入ったつきあいをするとなると、少し話が違ってくる。

大都市でしか暮らしたことのない人にはわからないかもしれないが、日本の農村には集落ごとに部落会という独特の住民組織があって、これがどのようなことにもたいへん大きな役割を果たしている。

役場からのさまざまな知らせは、部落会の束ね役である区長を通してやってくるし、役場に何か注文がある時も、その区長を通さなければまず話は進まない。また集落のなかで火災が発生した場合など、まっさきに現場に駆けつけるのは部落会の若い人たちで組織された自衛消防団だし、葬式の時も、部落会のなかをいくつかに区分けした葬式組がすべてを取り仕切ることになっている。ちなみに、大洋村にはそんな部落会組織が全部で三十ほどある。

安井さんは大洋村にきてまだ間もないころ、あまりにひどい道路の改修を村役場に頼みに行ったことがある。東京にいた時は、区役所に頼みにいけば何でも事足りたからだ。

しかし、あんに相違して「そういうことはまず区長に相談してください」とすげなく断られた。それが村のやり方だというのだ。仕方なく、最寄りの集落の区長のところへ恐る恐る頼みにいくと、なんとその翌日には、部落会の人たちが総出の道普請であっという間に直してくれた。安井さんはその時、農村での部落会の果たす役割の大きさや、部落会に属する人たちのまとまりの強さをつくづく思い知らされたという。

安井さんがはからずも思い知らされたように、大洋村に移り住んだ老人たちが村でまともに暮らしていくためには、好むと好まざるとにかかわらずこの部落会の仲間にならなくてはならないのだが、じつはそれがたいへんに難しいのである。そもそも部落会というのは、同じ集落に住む人たちがはるか昔から何代にもわたって親密なつきあいを重ねてきた家族同然、親戚同然の組織である。実際に、親戚関係や姻戚関係にある家族も多い。また、部落会によっては山林などの共有財産や入会の権利などを持っていて、部落会に属することがそのままそれらの権利を持つことを意味している場合も少なくない。

したがって、そのなかにある日突然、見ず知らずのよそ者が移り住んできたからといって、そんなどこの〝馬の骨〟かわからない新参者を、そうやすやすと仲間に迎え入れるわけにはいかないのである。

一人ひとりの村の人たちは、笑顔であいさつしてくれたり気前よく野菜をくれる親切な人であっても、新参のよそ者を部落会の仲間として受け入れることについてはおよそ寛容でないのはそのためである。

私は老人たちにたいする取材で、彼らが最寄りの部落会とそれぞれどのように関わっているのか、あるいは関わろうとしているのかを、とくに詳しく聞いてみた。

たとえば、老人たちのなかには、部落会への仲間入りを強く望んで一生懸命働きかけたにもかかわらず、体よく断られたケースがいくつもあった。

「村に移り住んだ以上、自分から積極的に溶け込んでいかなくてはと覚悟を決めて、一升瓶を下げて最寄りの集落の区長さんのところに挨拶に行ってみた。ところが、区長さんはどうしてもそのお酒を受け取ってくれない。どうしてかというと、『そんな集落の端のほうにある家までは、うちではとても面倒みきれない。どうしてもというなら、向こう側の区長に聞いてみてくれ』ということなんだ。しかたなく、向こう側の集落の区長さんのところへいってみると、また同じことをいわれる。そんなことの繰り返しでいっこうにらちがあかず、残念ながら結局は仲間入りを諦めるしかなかった」

区長は、家が遠いことを表向きの理由に仲間入りを断ったのだが、おそらく本当のところは、見ず知らずの新参者を自分のところの組織に受け入れたくなかったに違いない。そのほかにも、仲間入りを頼みに行った老人たちにたいして、「しばらく考えさせてくれ」とか「部落会の仲間と相談してみないとわからない」とかいって、結局は結論をうやむやにしてしまった区長もいたそうだ。

また、話を聞いた老人たちのなかにたった一組だけ、かろうじて部落会への仲間入りを許された夫婦がいたのだが、彼らがそれを果たすまでには涙ぐましい努力が必要だったという。

この夫婦の家を訪ねてみると、居間の奥のほう三分の一ほどが大きな舞台に改装されていて、そこに立派なカラオケセットと照明器具がしつらえてある。聞けば、集落の人たちとの交遊を深めるために買いそろえたとのことで、移り住んでからというもの機会あるごとに、彼らを招いてはカラオケ大会を催してきたという。さらに加えて、集落のなかで祭りなどの行事があると聞けば、必ず寄付金を持って駆けつけたりもした。そんな不断の努力を二年あまりも続けた末に、彼らはようやく部落会の仲間になることが認められたのである。

もっとも、ある区長から聞いたところでは、ふつうは新参のよそ者が仲間入りを許されることはほとんどないということだから、これはごく稀な例外的ケースだったといえるかもしれないのだが。

■広報用のスピーカーが頼り

ところで、移り住んだ老人たちが容易に部落会の仲間になれない理由は、地元の側の事情だけでなく、じつは当の老人たちの側にもある。

たとえ万一仲間になれたとしても、冠婚葬祭のつきあいなどに想像以上に金がかかるため、年金暮らしの老人たちではそのつきあいを維持できないというのが、その主たる理由である。ちなみに、集落のなかで行われる葬式では、精進落としのための飲み食いが三日三晩も続けられるというから、もし自分の家で葬式を出すことになったら、確かに年金暮らしの老人たちではとても対処しきれないだろう。

それに加えて、原則として部落会に属するすべての家が人手を出さなければならない道普請などの共同作業に、足腰の弱い老人たちではとうてい参加できないという事情もある。つまり、部落会の仲間になるということは、金もかかれば労力もかかるということなのである。むろんなかには、そんな経済的負担や煩わしい思いをしてまで部落会の仲間になるつもりはない、たとえ何かと暮らしにくいことがあっても一人で暮らすほうがまだましだと、端《はな》から諦めている人もいる。

それやこれやで、山崎さん夫婦や安井さん夫婦をはじめとして大洋村に移り住んだ老人たちのほとんどが、いまもって部落会の仲間入りを果さないままに暮らしている。おそらくこれから先も、よほどのことがないかぎりそれが実現する見込みはないだろう。

どの部落会にも属さない老人たちには、税金などの通知は別にして、役場からの各種の知らせも届けてもらえない。村内のところどころに設置された広報用のスピーカーから流れてくる小さな声を、耳をそばだてて聞くしかない。祭りや運動会など集落を単位にして行なわれることの多い村のいろいろな行事にも、彼らは参加することができない。

「部落会の仲間になれないというのは、村の人間として認めてもらえないということだからね。せっかくこの村に腰を据えて暮らしていこうとしているのに、まったく残念なことだよ」

安井さんは悔しそうな表情でそうつぶやく。

また、いろいろ世話のやける高齢の母親を抱えて、できれば部落会の仲間入りをしたいと望んでいた山崎さん夫婦のところでも、「部落会に入れないからといって別に死ぬわけではありませんが、もし仲間入りができて村の人たちともっと親しくつきあえるようになれば、いろいろと助かることもあったでしょうにね」と、妻の昭子さんがいかにも残念そうである。

縁あってこの村に移り住んだのだから、そこに住むできるかぎり多くの人たちと親しくつきあいたい。また時には困ったことも起こるのだから、できれば互いに助け合って暮らしたい。老人たちのそんな切なる思いは、残念ながらいまのところ叶えられていないということだ。

せめて仲間の交遊を

■葬式くらいは自分たちで

ミニ別荘の老人たちを取材する回数が二回、三回と増えてくると、彼らと私の間の親密さの度合いもしだいに増してくる。それは自然の成り行きだろう。

私は取材に行ったつもりなのに、庭の畑で農作業を手伝わされたこともあれば、畑で取れた野菜を材料にしてつくった手料理をご馳走になったこともある。そうなると互いにさらに打ち解けて、いままでの取材では耳にしたことがなかった詳しい身上話などを聞かせてもらえたり、またその見返りというわけでもないだろうが、私が彼らからあれこれと相談を持ちかけられるようなことにもなる。

「部落会の仲間入りができないのなら、せめてそれに代わる組織を自分たちの手でつくりたいと思っているのだが、できれば知恵を貸してもらえないだろうか」

老人たちのなかでも、私がとくに親しくなった老婚の安井さん夫婦からそんな相談を受けたのは、取材を始めてから二年ほど経ったころである。

せっかく同じ村に移り住んで暮らしているのだから、その移り住んだ者同士が互いに親しく交遊するための、あるいは互いに助け合って暮らしていくための組織をつくりたい。難しいのはわかっているが、どうしてもやりたいので、ついては私にもいろいろと相談に乗ってもらいたいというわけだ。

ところで、安井さん夫婦が難しいのを承知で、あえて組織づくりをしたいといい出したのは、互いに親しく交遊したいという思いの強さもさることながら、じつは直接のきっかけになることがあった。それは、彼らが住むミニ別荘からほど近い、隣の大野村での小さな出来事だった。

一年ほど前のことだったそうだが、東京から大野村に移り住んで暮らしていた老人が急に亡くなって、葬式をしなければならなくなった。ところが、わずかな身内の人が顔を見せたほかは、まわりの人はだれ一人きてくれない。親しくつきあっていた人がいなかったからだ。

そんなことで、葬式を手伝ってくれる人もいなければ、まだ土葬の風習が残るこの地域では何よりも遺体をどうしたらいいのかわからず、身内の人たちはほとほと困り果ててしまったのである。たまたまそのことを知った近くの村の人が見かねて、葬式の段取りをつけ、遺体を遠くの町の火葬場まで運んでくれたので何とか格好はついたのだが、そんな様子をそばで見ていた安田さんは、「これは私たちにとってもけっして他人事ではない」と、考えさせられてしまったのである。

自分のまわりでだれか死んだ時に、何もできずに手をこまぬいているようなみっともないまねはしたくない、また自分が死んだ時にも、まわりの人が何もできずに右往左往するような情けないことにはなってほしくない。自分たちのだれもがいずれはここで死ぬことになるのだから、せめて葬式くらいは親しい仲間の手でできないものか、安井さん夫婦が組織づくりをいい出したのは、そんな思いも募ってのことだったのである。

■仲間集めに難渋

しかし、いい出してはみたものの、ことはそう簡単には運ばなかった。

安井さん夫婦を中心に、まずは組織に参加してもらう仲間集めから始めたのだが、これが思いのほか難行した。先にも述べたように、大洋村の場合、老人たちは村内のあちこちのミニ別荘にばらばらに住み着いていて、だれがどこに住んでいるのかさえわからない。そのため作業は、彼ら一人一人を探し出すことから始めなければならなかった。村役場に転入届が出されていれば、そこに書かれている所番地を頼りに何とか探し出すことができたが、転入届を出していない人となると、「あそこにも人が住んでいるらしい」という噂を頼りに探し出すほかなかった。

また、せっかく苦労して探し出しても、「私はそんな組織に入るつもりはない」とか、「お金がかかりそうだから入りたくない」などと参加に難色を示す人が少なからずいて、彼らを説得するのにもかなりの手間がかかったという。

じつは、自然を求めてやってきたあの野崎さんなども、安井さん夫婦の再三の説得にもかかわらず、ついに参加には応じなかった口である。「私は自分の趣味を楽しみながら一人で静かに暮らしたいので、ほかの人たちと深くつきあうつもりはありません。困ったことが起きても、その時には東京の子どもたちが何とかしてくれますから心配には及びません」というのがその理由である。そうはっきりいわれると、安井さんとしても説得をあきらめて黙って引き下がるしかなかった。

さらに、安井さん夫婦を悩ませたことがあった。それは、組織づくりの動きが村の人たちや村役場から必ずしも快く受け止めてもらえなかったことである。

彼らから面と向かって文句をいわれたわけではないが、「村にはすでに部落会というきちんとした住民組織があるのに、それとは別の新しい住民組織をつくるのはいかがなものか」「役場の仕事に注文をつける圧力団体をつくるつもりではないのか」「政治目的のいかがわしい組織ではないのか」といった意味合いの無言の圧力がそれとなくかかってきたのである。

むろん、安井さん夫婦にはそんな思惑はみじんもなく、組織づくりの目的が純粋に仲間同士の交遊や助け合いであることをことあるごとに説明したのだが、それでもなかなか理解してもらえずに歯がゆい思いをしたという。

■老人たちの初めての組織

さて、そんなさまざまな苦労があったものの、安井さん夫婦が組織づくりをいい出してからまる一年、仲間集めもそれなりに進んでようやく組織の発足に目鼻がついてきた。

ちなみに、仲間集めの作業は、安井さん夫婦のほかに趣旨に賛同した何人かの有志によって手分けして行なわれたのだが、そのなかでもとくに活躍が目立ったのが、それまで人づきあいを避けて山のなかでひっそり暮らしていた工藤さんだった。

「だれにも煩わされずに一人で静かに暮らしていこうと思っていたんだが、安井さん夫婦の熱意に打たれてね。せっかくこの村にきたんだから、何か一つくらいは他人さまの役に立つようなことをしてもいいかなと思って、手助けを買って出たんだ」

仲間集めのために、村内を隅から隅まで昼夜を分かたず走りまわった動機を、工藤さんはそう話す。

安井さんも、「もし彼が手伝ってくれなければ、ここまでくるのに三倍も四倍も時間がかかっただろうね。本当によくやってくれたよ」と、工藤さんの目ざましい働きぶりを讃える。

安井さん夫婦や工藤さんのそんな地道な努力の結果だろう、最終的にはじつに八十五人もの仲間が集まり、昭和六十三年の春、大洋村に移り住んだ老人たちの手になる初めての住民組織は、めでたく発足の運びとなった。

組織がめざす目的として、会員同士の交遊や助け合いのほか、村の人たちともより親しく交流を図ることが会則に盛り込まれた。また組織の名前は、豊かな緑のなかに家を持つ人たちが互いに仲よく手を取り合って暮らしていこうという思いを込めて、「グリーンハウス協会」と決められた。

設立総会は村の公民館で行なわれたのだが、安井さん夫婦をはじめとする多くの会員たちが集まって会の発足を祝った。自然を求めてやってきた森田さん夫婦や吉田さん夫婦もいる。安い家を求めてやってきた山崎さん夫婦や渡辺さんもいる。むろん、仲間集めに走り回った工藤さんや、彼と同類の世捨て人寺原さんの顔も見える。

また、来賓として大洋村の村長や村議会の議員、村役場の関係者、それに各部落会の区長たちも招かれて出席した。彼らが快く招待を受けてくれたということは、この組織がけっしてうさん臭い目的を持ったものではないことを納得してくれたからに違いない。なおまったくの蛇足ながら、この間、協会の設立についてのアドバイスやら取材を兼ねての会員の獲得などにささやかながら貢献があったということで、この私にも席が用意されていた。

会員たちの総意で協会の会長に選ばれた安井さんは、席上一同を前にして、晴れがましく胸をはって決意を述べた。

「これで組織のかたちは一応整いました。これからはこの協会の活動を通して、仲間同士の交遊や村の人たちとの交流に励んで、だれもが大洋村にきてよかったと思えるような充実した暮らしが実現できればと、心から願っています」

そんな安井さんの熱のこもったあいさつにたいして、会場の隅からひときわ大きな拍手を送っていた工藤さんの姿が印象的だった。

■村の運動会への招待状

グリーンハウス協会ができて以来、老人たちの暮らしぶり、とくに村のなかでの人づきあいのありようは大きく変わったようである。

月一回の割りで会員が会長や役員の家に集まっては、お茶を飲み菓子をつまみながらおしゃべりをする親睦会、年一回の割りで近間の温泉などに出かける旅行会、それにスポーツや趣味のサークル活動など、協会が主催するさまざまな親睦活動を通して移り住んだ老人たち同士の交遊が盛んに行なわれ、これまで互いに顔も名前も知らなかった者同士が初めて知り合いになり、さらにその後の日常の暮らしのなかでもさらに親しいつきあいが交わされるようになった。

たとえば、車を運転できない人が車を持っている人に相乗りさせてもらって買物などに行くことはこれまでにも時々見られたのだが、協会の活動が始まってからというもの、そんな光景がそこここで見られるようになった。また、「いままでは散歩といえば、その辺をただぶらぶら歩くだけだったのに、多くの会員と顔見知りになってからは、途中で立ち寄って話をするところができたので散歩に出かけるのがずっと楽しくなった」などという声も聞かれるようになった。

野崎さんのように一人で静かに暮らすのを好む人もいるのだろうが、やはり多くの人たちは一人で暮らす寂しさや物足りなさを感じていたに違いない。だれもが仲間と親しくつきあえるようになったことを心から喜んでいるようだ。

そして、協会の活動が活発になるにしたがって、そこで行なわれている活動の様子が村の人たちの耳にも届いたのだろう、協会のサークルでクロッケー競技を楽しむ老人たちと地元の同好の士との対抗戦が行なわれるようになったり、北浦での鮒釣りを楽しむ吉田さんのグループが、地元の釣り好きの老人たちと同行して釣果を競い合うなど、移り住んだ老人たちと村の老人たちとの交流も頻繁に行なわれるようになった。

ちなみに、移り住んだ老人たちと村の老人たちとの交流は、たとえ同じ趣味を持っていたとしても意外と難しいものである。たとえば、村の老人たちのなかには、「歳は取っても、わしらはまだ農業の現役だからね。毎日ぶらぶらしている人たちと一緒に遊びほうけていては、家の若い者にしめしがつかない」などといって、これまで移り住んだ老人たちとのつきあいを敬遠していた人も少なくなかった。また、互いの生活時間の違いから、一緒に何かするにしても時間の調整が難しいということもあった。

しかし、協会がつくった正式のサークルとのつきあいとなれば話は別である。村の老人たちもこれまでのような抵抗感を感じることなくつきあうことができるし、時間の調整もはるかに容易になる。移り住んだ老人たちが村の人たちとうまく交流するためには、やはり協会のような組織のもとに一つにまとまることが何より大事だということを、私はそんないきさつを見ていてあらためて納得することができた。

協会発足のつぎの年の秋、会長の安井さんのもとに一通の手紙が届いた。それは、移り住んだ老人たちにとっていままで無縁だった村の運動会への招待状だった。一年間の協会の活動、とりわけ村の老人たちとの交流に熱心に励んだことが、村で評価されたゆえの招待だった。

協会では乏しい会計のなかから奮発して小さなテントを新調し、運動会の会場に各部落会のテントと並べるように立てた。テントの下には参加した有志が集い、出番はそれほど多くはなかったようだが、秋の一日を村の人たちとともに心ゆくまで楽しんだという。

「協会をつくって本当によかったと思ったよ」

部落会の仲間にはなれなかったものの、協会の設立とその後の活動によって、村の仲間として少しは認められたことがよほど嬉しかったのだろう、安井さんは満面に笑みを浮かべながら、私にその一日のことをあれこれを詳しく話してくれた。

ちょっといい話

■村に馴染んできた老人たち

グリーンハウス協会の活動はその後村内にしっかりと定着し、協会に加わる老人たちの数もしだいに増えていった。

ちなみに、発足時には八十五人ほどだった会員数が、その数年後にはほぼ二倍の百六十人にまで膨れ上がった。当初参加を渋っていた人たちや、協会が発足した後に移り住んだ人たちなどが、やはり会員になったほうが何かと都合がよいだろうと、続々と加わってきたからである。大洋村に移り住んで暮らす老人たちにとって、協会がなくてはならない存在、頼りになる存在になってきたわけで、その設立に多少なりとも関わった私としてもたいへん嬉しく思えたし、安心もした。

そして、それにもまして私が嬉しく思ったことがもう一つある。それは、協会の順調な発展ぶりと軌を一にして、私が取材した老人たちそれぞれの暮らしぶりにも、明らかに落ち着きやゆとりが見られるようになってきたことである。彼らが大洋村の暮らしにようやく馴染んできたことの表われだといってよいだろう。

ここでは、そんな老人たちの暮らしぶりの変化のなかから、私が小耳にはさんだちょっといい話をいくつか紹介しておこう。

私にとってとくに印象深かったのは、協会の仲間集めのために奔走したあの工藤さんが、それまでの体調不良が嘘のように、その後見違えるほど元気になったことである。またそのことの影響なのだろう、これまで人づきあいを極力避けてきた彼が、いろいろな人たちと頻繁につきあいを交わすようになったのである。

協会が主催するさまざまな活動には率先して参加し、また日ごろの暮らしのなかでも、家の修繕やら病院探しなどで困っている仲間がいると聞けば、すぐに助力を買って出るといった具合いで、これまでの世捨て人のような暮らしから脱したばかりでなく、人並み以上の社交家、ないしは人並み以上のボランティア活動家へと見事に変身を遂げたといってよいだろう。新天地にやってきて初めて他人のためになる仕事をなし遂げたことが、これまで長いこと煩わしい人間関係や体調不良に悩まされ続けてきた彼にとっては、何よりの良薬だったに違いない。

「この村にやってきた時には、五年くらい生きられれば御の字だと思っていたのに、こんなまっとうな暮らしをしていたら、これから先すごく長生きしてしまいそうだ。長生きできるのは嬉しいけれど、そこまでこのちゃちな家がもつかどうか、私にはそっちのほうが心配だよ」

工藤さんは冗談とも本気ともつかない口調でそう話しながら、いままで見せたことのない心からの笑顔をつくった。

また、工藤さんの変わりようをだれよりも喜んで見ていた安井さん夫婦にも、それ以上によいことがあった。急いで買った粗末なミニ別荘を、死ぬまで住み続けられるようなしっかりした家に建て替えることが、安井さん夫婦にとってはかねてからの懸案だったのだが、それがめでたく実現する運びとなったのだ。

これまで具合いが悪いところを直しながら住んでいたミニ別荘を思い切ってすべて取り壊し、その同じ敷地のなかに、以前の家とは比べものにならないほど大きくて立派な注文住宅を建てたのである。協会の会員たちがいつでも自由に集まって話ができるようにと、広い応接間もしつらえた。自ら手がけた協会の活動が順調にいっていることで、彼ら自身の大洋村永住にもはっきりと目星がついてきたがゆえの決断だったのだろう。

「もう家のことを心配しないで、じっくり腰を据えて暮らしていくことができる。それに、万一私の身に何かあっても、この家さえあれば連れ合いが東京に帰らずに一人でやっていけるだろう」といいながら、安田さんは気がかりだった仕事がようやく片づいたというように安堵の表情を浮かべた。

なお、安井さんは、新しい家の所有名義をあえて敬子さんにすることによって、これまでともに苦労してくれた妻にたいする心からの謝意を示した。

■村の人と姻戚関係を結ぶまでに

そしてもう一つ、私にとっては思いもよらなかったことだが、さらにきわめつきのよい話があった。それは、大洋村に移り住んだ老人たちと村の老人たちとの交流が、協会の活動を通して盛んに行なわれるようになったことの予期せぬ副産物といってよいだろう、妻の療養を兼ねてやってきたあの森田さん夫婦の、東京の自宅に残してきた次男が、大洋村に住む娘さんと知り会い、めでたく結婚にこぎつけたのである。

森田さん夫婦はかねがね、四十を過ぎてまだ独身でいる次男の結婚のことが気になっていて、協会の親睦会に参加した折りなどに、どこかにいい人がいたらぜひ紹介してほしいと周囲にもらしていたのだが、それを耳にしていた安井さん夫婦が、たまたま交流で知り合った村の人のなかにちょうど結婚相手にふさわしい歳ごろの娘さんを持つ人がいるのを見つけ出してきたのである。さっそく森田さん夫婦のところに話が行き、見合いの席がセットされ、そしてうまい具合いに話がまとまったのである。

次男の結婚はそろそろ諦めようかと思っていたという森田さんは、「まさか相手が見つかるとは思わなかったよ。これも、大洋村にやってきていろいろな人とつきあえるようになったおかげだね」と、思わぬなりゆきに感謝しきりであった。

両家の結婚式は、協会の主だった会員や村の人たちが数多く列席するなか、盛大に取り行なわれた。仲人をつとめた安井さん夫婦から聞いたところによれば、式はただ盛大だっただけでなく、列席者のだれもが互いに打ち解け合って、たいへんなごやかな雰囲気に溢れていたという。大洋村に移り住んだ老人たちと村の人たちとが、スポーツや趣味などで交流するにとどまらず、晴れて姻戚関係を結ぶまでに至ったのだから、それも当然のことだといえるだろう。

「いままで心の隅に引っかかっていたよそ者意識がようやく消えて、村の人たちとは何のこだわりもなくつきあえるようになった」と安井さんがしみじみいうように、このめでたい結婚を契機にして、その後の暮らしのなかでも互いの親密さの度合いがさらに増したのはいうまでもない。

深まる老い

■異常な狂騒が沈静化

大洋村がその後どうなったのか、老人たちはどうしているのか。気にかかってはいたものの、忙しさにかまけてしばらくご無沙汰していたのだが、取材を始めてからもうそろそろ十年近くにもなろうかというある年、私は久しぶりに大洋村を訪ねてみて、村の情況がこれまでとは大きく変わってしまったことに驚かされた。とりわけミニ別荘をめぐる情況やそこで暮らす老人たちの身辺が大きく変わってしまったことにひどく驚かされた。

たとえば、大洋村のミニ別荘といえば、バブル華やかなりしころには毎年五百戸近くもの新しい建物がつくられ続けてきたことはすでに述べたところだが、この間、その建築戸数が急激に減ってしまったのである。

正確なところはわからないが、ひところに比べて半減したとも、さらには三分の一にまで落ち込んだともいわれる。そういえば、ミニ別荘を宣伝する新聞の広告やチラシもこのごろはあまり目につかなくなったし、かっては週末のたびに大洋駅前で賑やかに繰り広げられていた業者による客引きの光景も、いまではほとんど見られなくなったという。

いうまでもないことだが、バブルがはじけ不況の影がじわじわと忍び寄ってくるにおよんで、ミニ別荘もかつてのように建てればすぐに売れる時代ではなくなってしまったのである。加えて、それまでのミニ別荘の激増ぶりに驚いた村当局が、遅ればせながら村内を都市計画区域に指定して、建築確認なしにはむやみに建物を建てられなくしてしまったことも少なからず影響したようだ。

また、大都市から老後を過ごすためにやってくる老人たちの数が大きく減ったことも、ミニ別荘をめぐる情況の変化の一つといえるだろう。私が初めて大洋村を訪れてから何年かの間は、すでに移り住んで暮らしている老人たちに加えて、毎年かなりの数の新顔が村にやってきていたのだが、その後五、六年ほど経ってから以降は、その数が目に見えて減ってきたのである。

これもまた不況による影響に違いない。退職金が大幅に減り、年金もこれから先どうなるのかわからないなかでは、リタイアした老人たちといえども、大自然のなかで好きな趣味を楽しみながらのんびりと老後を過ごしているわけにはいかなくなったのである。さらにはバブル崩壊後、大都市でも土地や家の値段が大幅に下落したために、安い家を求めてわざわざ遠い大洋村にまでやってくる必要がなくなったことも、理由の一つにあげられるだろう。

村全体を埋めつくすかのように、毎年毎年つくられ続けてきたおびただしい数のミニ別荘。また、そのミニ別荘で老後を過ごすために大都市から移り住んできた数多くの老人たち。これまで大洋村で繰り広げられてきたそんな異常ともいえる狂騒が、ここにきてようやく一段落し沈静化してきたのである。

私は冒頭で、老後の田舎暮らし、つまり大洋村のような新天地で老後を過ごそうとする老人たちが、これからますます増えるだろうと予測した。大きな流れとして見ればその予測はけっして間違ってはいないと思うのだが、しかし、それも世の中の景気の動向によっては、時として減速したり停滞したりもすることもあるということだ。

■体力や気力が衰える

さて、そんなミニ別荘をめぐる情況の変化以上に私を驚かせたのが、私が取材してきた老人たち自身の変わりようである。彼らの体力や気力がこの間すっかり衰え、それとともに彼らの暮らしぶりもまた大きく変わってしまったのである。

大洋村にやってきてから短い人でももうすでに十年あまり、長い人では十五年以上も村で暮らし続け、いまやだれもが八十近くか、人によっては八十を越える歳になってしまったのだから、それも当然のことだといえるだろう。

彼らのミニ別荘を久しぶりに訪ねてまわってみると、情けないことだが足腰の具合いが悪くなってきたために、日課にしていた散歩に出かけられなくなったり、土いじりや釣りなどの趣味が思うようにできなくなったという人がそこここで目についた。散歩や趣味を楽しむどころか、むしろそれが苦痛に感じるようになったという人さえ少なからずいるようだ。

散歩にも出られずに狭いミニ別荘に閉じこもっているだけでは、大都市の狭いアパートで暮らしているのとさして変わりがない。土いじりや釣りができなくなってしまっては、何のために農村で暮らしているのかわからない。

また、いままでは元気よく車を運転して買物などに出かけていたのに、いまでは運転するのが怖くてハンドルを握れなくなったという人も多くなっていた。

たしかに、目もよく見えず反射神経も衰えてきた老人たちが、狭く曲がりくねった林道や農道をよろよろと運転するのはいかにも危険で、彼らが怖くてハンドルが握れなくなったというのもよく理解できる。実際に、真っ暗やみの夜の林道を前方がよく見えないままに運転していて脱輪し、あわやがけ下に転落しかけた老人がいたという話も私の耳に入ってきた。

前にも述べたことだが、農村で車の運転ができないということは、日々暮らしていくうえで大きな支障となる。もともと車を運転しない人でもそうなのに、いままで運転をしてきた人が急に運転ができないということになれば、文字通り手足をもがれたような感じで、そのまま農村で暮らし続けていくのがかなり困難になってくる。

そしてついには、村のなかでこんな出来事が起こったことも聞かされた。長いことミニ別荘で暮らしてきた老夫婦の妻のほうが、痴呆のため徘徊癖が出るようになったのだが、ある日夫がちょっと目を話したすきに一人で家を出て、行方不明になってしまったのである。

知らせを受けた村の人たちが急遽総出で村内をくまなく探しまわったあげく、夕方になって、鹿島灘の海岸の波打ちぎわで意識を失って倒れているところを、ようやく見つけ出したそうだ。さいわい命が助かったからよかったものの、その日一日村じゅうが大騒ぎになったという。

おそらく、そんなさまざまな不都合や困難が現実のものになってきたせいだろう、これまで長い間大洋村で暮らしてきた老人たちのなかには、そろそろミニ別荘をたたんで大都市へ帰ろうかと考える人も現われるようになった。

土いじりに精を出していたあの野崎さんのところにも顔を出してみたのだが、最古参としてもう十五年以上も村で暮らし続け、歳もすでに八十を越えたということで、さすがに彼女の体力や気力にも衰えが目立つようになっていた。農園での野菜の作付面積はかつての半分がやっと、手入れにかける時間もかつてとは比べものにならないほど減ってしまったという。また、「草取りなどでちょっと身体を動かしただけでも、ひどく疲れを感じてしまう」と、いままでの取材ではついぞ耳にしなかった弱音も聞かされた。

「大洋村での暮らしをもう十分に楽しみましたし、家の痛みもひどくなってきましたので、そろそろ東京に帰る潮時かもしれません。せっかくお借りした土地をきちんと使えないようでは、村の人たちにも申し訳ないですからね。東京にいる子どもたちも、早く帰ってきて一緒に暮らそうといってくれていますので、そういわれているうちに帰るのが華なのかもしれません」

初めて会った時には、実際の歳より十も若く見えたほど元気はつらつだった野崎さんといえども、その元気な老後の時期がもうそろそろ終わりかけていることを、つまり大洋村でこれまで通りに暮らし続けていくのが困難になってきたことを、はっきりと感じ始めたようだ。

■協会の活動にもかげり

それぞれの老人たちの心身の衰えは、彼らがつくる組織のありようにも当然のことながら大きな影響を及ぼすことになる。私はグリーンハウス協会がどうなっているかも気になっていたので、その後も引き続き協会の会長を務めているという安田さんの家にも立ち寄ってみたのだが、案の定その活動にも大きなかげりが出ていた。

たとえば、これまで月一回の割りで欠かさず開かれてきた親睦会は、いつの間にか二カ月に一回、さらに三カ月に一回とだんだん間遠になり、またスポーツや趣味のサークルにしても、活動の頻度や参加者の数が極端に少なくなってきたという。暑いといっては休み、寒いといっては休む。体調が悪いといっては休み、気分が乗らないといっては休む。かっての協会で見られたあのいかにも活発な活動ぶりが、いまやすっかり影を潜めてしまったのである。

また、せっかく会員が集まっても、そこで交わされる会話の中身がひところとはまったく変わってしまったと、安田さんは嘆く。

協会ができてしばらくは、会員が集まると「今度はみんなでこんなことをやってみよう、あんなこともやってみたい」と、いかにも前向きな話が飛び交っていたことは、私も時々はそれらの集まりに参加させてもらっていたのでよく知っているのだが、それがいまでは、「身体の調子が悪くてつらい」とか「家の痛みがひどいのに修繕もできなくて困っている」とかの、気の滅入るような話ばかりが幅をきかせるようになってきたという。

会員それぞれの体力や気力の衰えが、協会全体の雰囲気をも暗く重苦しいものにしてしまっているようだ。

そしてさらには、会長としての安田さんがもっとも心配していたことが、現実のことになっていた。会員のなかから脱会者が相次ぐようになり、協会の会員数が大きく減ってきたのである。

協会の活動を続けるのが体力的に無理になったという人、貯金が減ってきて会費やサークル活動の費用の負担が重荷になったという人、なかには、いままでサークルのリーダーとして協会の活動に人一倍熱心に取り組んできたにもかかわらず、ある日を境にぷっつりと顔を見せなくなった人もいる。事情を聞いたところ、急な病気で倒れてしまい、それからは家で寝たり起きたりの状態が続いているのだという。

体力や気力が衰え、さらには病気ともつきあわなければならなくなった彼らにとっては、自分自身の身を処していくだけで精一杯で、仲間とのつきあいにまで関わってはいられなくなったということなのだろう。大洋村にやってきた当初はばらばらに暮らしていた老人たちが、協会の活動を通してせっかく互いに親しくつきあえるようになったのに、残念ながらいまそれがふたたび元に戻ろうとしているわけだ。

安田さんは会長としての責任感から、会員たちにたいして何とか頑張ってこれまで通り協会の活動を続けてほしいと訴え続けているものの、その効果はあまりあがっていないとのことである。

「会員の体や心が弱ってきた時こそ、仲間同士が力を合わせてやっていかなければならないのに、肝心の協会も思うように活動できなくなってしまったのは、何とも残念なことだよ」

かつては組織を新しくつくることでいろいろ苦労した安田さんだが、いまはその組織が弱体化して会員たちのために十分な役割を果たせなくなったことで、さらに大きな気苦労を強いられているようだ。

■短いようで長かった歳月

大洋村に移り住んだ老人たちにとって、これまで過ごしてきた十数年という歳月は長いものだったのだろうか、それとも短いものだったのだろうか。

彼らの気持ちを忖度《そんたく》してみれば、おそらくあっという間の、いかにも短く感じられた歳月だったに違いない。まったく見ず知らずの新天地にやってきて、何もわからないままに無我夢中で過ごしてきたのだから。

しかし、彼らのそんな主観的な時間意識とはかかわりなく、客観的に見れば十数年という歳月は、老人たちにとってやはりかなり長い歳月だったのだろう。老人たちの心身の状態を大きく変えてしまうのに、十分過ぎるほど長い歳月だったのだろう。あれほど元気だった彼らの体力や気力がその間めっきり衰え、またせっかく自分たちでつくった組織の維持さえもままならなくなってしまったという、私の目にした現実がそれをはっきりと示している。

それでも、安田さん夫婦はもとより、もう大都市には戻らないと心に決めている老人たちの多くは、これからも大洋村に住み続けていかなければならない。大洋村を終の住処と決めた以上、死ぬまでそこで暮らし続けていかなければならない。体力や気力が衰えたとはいうものの、彼らにとってまだまだ先は長い。

「みんな、せっかくここまで頑張ってきたのだから、これからも何とか頑張ってやっていけたらいいのだけれどもね」

安田さんは、自分のことよりもむしろほかの会員たちのことを気づかうように、そうつぶやいた。

朽ちかけたミニ別荘

■もう一ふんばり

「高齢者の福祉についてのわかりやすい本や資料があったら、できるだけたくさん集めて持ってきてくれないか」

久しぶりに大洋村を訪ねてからしばらくして、私は安田さんからそんな頼みごとをされた。連れ合いが寝たきりになったのだが、家事を手伝ってくれる人はいないかとか、この村の近くに自分たちが入れる老人ホームはないのかといったたぐいの相談を協会の会員から受けることが多くなったので、それにきちんと答えてやりたい、また協会の活動についても、これまでのどちらかといえば交遊が中心だった活動から、これからは会員同士が互いに助け合って暮らしていけるような活動にもっと力を入れていきたいので、協会として具体的に何ができるのかを考えてみたい、そんなことのための勉強を遅ればせながら始めたいとのことのようだ。

おそらく安田さんとしては、いまいろいろな問題に直面して悩んでいる会員たちのためにここでもう一肌脱いでやりたい、そして自分自身の生き甲斐のためにもここでもう一ふんばりしてみたい、そういう心づもりなのだろう。安田さんが考えていることには私も大賛成だし、これまでの行きがかりもあるので、私は彼の小さな頼みを快く引き受けることにした。

私が持参した資料を前にして、その後安田さんと私との間でどれほど話し合いや議論をしただろうか。電話や手紙でやりとりすることもあった。

安田さんが具体的にやってみたいと思っていることはいろいろあるようだが、たとえば、足腰が衰えて移動が困難になった会員のために、買物や通院などの際の車の相乗りを協会が仲介して組織的にやりたいということなどは、その一つである。会員にとってもっとも身近かな問題であるとともに、車の運転をできる人が減ってきたいま、彼らにとってもっとも切実な問題であるからだ。

また、自分の家を開放して、会員が訪ねてくればいつでもいろいろな相談に乗ってやれる、あるいは福祉に関するいろいろな情報も提供できるセンターとして活用することもぜひやりたいと思っているようだし、さらにゆくゆくは、自分の家を大々的に改装して、他人の手助けが必要な老人たちが一緒に暮らせる共同福祉施設として利用することなども考えているようである。そんな安田さんの話ぶりからは、彼がこれからそれらのことに本気で取り組んでいこうとしている、かなり強い意欲が感じられた。

「安田さんももう歳なのだから、あまり無理をしないでゆっくりやったほうがいいのではないですか」と、やや手綱を引き締めるようとする私にたいして、安田さんが「そんなのんびりしたことはいっていられない。困っている会員が目の前にいるのだから、私としてはできるかぎり早く彼らを手助けしてあげたいんだ」と、やや語気を荒らげて反駁するといったことも何度かあった。

■訃報を聞く

さて、安田さんと私とでそんな議論を交わしているさなか、悲しいことに会員たちの訃報がいくつか伝わってきた。

まず、工藤さんと同じように山の中で世捨て人のように暮らしていた寺原さんが亡くなったという。私は、寺原さんとはそれほど多く話をする機会がなかったので、彼が大洋村にきてからどのように暮らしていたのかはよくわからないのだが、聞いたところでは、彼も一応は協会の会員になったものの親睦会などにはあまり出ることもなく、自分のミニ別荘で亡くなった妻の位牌や写真と一緒にひっそり暮らす毎日だったそうである。それでも、買物の折りなどに村のスナックに立ち寄っては、村の人たちと一緒に酒を飲むのがささやかな楽しみだったということだから、彼は彼なりに大洋村での暮らしに馴染んで何とかやっていたようだ。

入院先の病院で亡くなる直前、長い間音信不通になっていた彼の子どもたちを、安井さん夫婦と工藤さんが手分けしてようやく探し出し、やっとのことで死に目に間に合わせてやったとのことである。

また、安い家を求めてやってきたあの山崎さん夫婦のところでも、高齢の母親よりも先に、妻の昭子さんが亡くなったという。夫についてやってきた大洋村が思いのほか気に入り、村の暮らしに一日も早く慣れたいと一生懸命頑張っていたことは、私も取材を通してよく知っていたし、また安井さんから聞いたところでは、協会の活動にも人一倍熱心に取り組み、会員たちとの交遊もけっこう楽しんでいたとのことなので、彼女にとって大洋村での暮らしはそれなりに満足いくものだったのではないかと思う。もっとも、世話しなければならない母親を後に残して先立ってしまった心残りはあったのだろうが。

安井さんは葬儀委員長として、どちらの葬式もとどこおりなく済ませた。式の段取りなどに右往左往しなかったことには安堵したようだが、それでも浮かない顔で私に話してきた。

「せっかく助け合いの活動を始めようとしているのに、その前に葬式のほうが忙しくなってしまうなんて皮肉なものだよ。早く助け合いの活動を始めなければ、会員がだれもいなくなってしまう」

安井さんとしては、協会の新しい活動がまだ軌道に乗らないことにややあせりを感じているようだ。

しかし、私にとっては思いもよらないことだったが、協会ができて十年という節目がもう間近かに迫ってきたある日、そういう安井さん自身が突然亡くなったことを、私は妻の敬子さんからの電話で知らされた。

かねてから血圧が高めだった安井さんは、急な脳溢血の発作で倒れたらしい。会員の葬儀が相次いだことや、協会の助け合い活動を早く何とかしよう張り切り過ぎたことが、原因だったのかもしれない。もしそういうことなら、私がもう少し手綱を引き締めてやればよかったのかもしれないと、大いに悔やまれた。

私はどうしてもはずせない用事があって、安田さんの葬儀に参列できなかったのだが、聞くところによれば、協会の仲間や親しくしていた村の人たちの手でしめやかに執り行なわれたという。

■命の続く限り

後日、私は安井さんの霊前に手を合わせるために、大洋村を訪ねた。私にとっては最後の大洋村行きとなった。

これまでずっと二人で暮らしてきた家に一人取り残された敬子さんは、さすがにやつれた表情だったが、夫の話になると、「自分のやりたいことをやって亡くなったんですから、あの人としては本望だったでしょう。大洋村で過ごした第二の人生に悔いはないと思います」と落ち着いた口調で話してくれた。

そして、彼女自身の今後については、これから先もこれまで通りここ大洋村で暮らし続けていきたいという強い決意を示した。

「一人になっても、ここでやっていくことに変わりはありません。この村にきて夫と二人で暮らしていたころが第二の人生とするなら、これからの村での一人暮らしは第三の人生ということになるのでしょう。私もこの先いつまで生きられるかわかりませんが、自分が選んだ人生ですから、それを最後までまっとうしようと思っています」

安田さんとともに決めた、大洋村を終の住処として死ぬまでそこで暮らしていこうという覚悟を、敬子さんは一人になったいまもまだしっかりと持ち続けているようだ。

敬子さんはまた、協会の会長の仕事を安田さんから引き継いでやっていくことも心に決めていた。夫が何より大事にしてきた役職だったから、妻の自分が引き継いでやれば亡くなった夫も喜んでくれるだろうと思ったこともあるが、それよりも何よりも、数は減ったとはいえまだたくさんの会員たちが、協会を頼りにしてくれているからである。

時が経て、無惨に朽ちかけたミニ別荘。かつて老人たちが土いじりを楽しんでいた庭には、雑草だけが生い茂る。

「協会の仕事も、会員がいる限り、私の体が続く限りはやめないで、最後までまっとうしようと思っています」

とりあえずは、間近かに迫った協会設立十周年のささやかなお祝いをすることと、生前の夫がとくに力を入れて取り組もうとしていた協会の助け合い活動を軌道に乗せることが、いま自分に課せられた大きな仕事だといって、彼女は表情を引き締めた。

安井さんの家からの帰途、私はあらためて大洋村のなかをひとあたりまわってみた。あいかわらず、おびただしい数のミニ別荘がそこここに立ち並んでいた。建築規制が実施されてから以後につくられた一部の建物はそうでもないが、初期のころにつくられたミニ別荘の多くがもうかなり痛んでいて、なかには屋根や柱が朽ちかけているようなものも見られた。もともとが粗末な造りの建物だっただけに、十年以上も経ったいまそんなふうになってしまうのもやむをえないのだろう。

しかし、それらの建物のなかには、大洋村を終の住処にこれから先もずっと暮らし続けていこうとしている老人たちがまだたくさん残っている。いまも元気に村のなかを飛びまわっているという工藤さんもいれば、妻を亡くした山崎さんも、高齢の母親の面倒をみながら何とか暮らし続けているという。また、妻が病弱だった森田さん夫婦や釣り好きだった吉田さん夫婦も、まだ東京に戻らずに頑張っているようである。

体は思うようにいうことをきかず、また仲間も少なくなってきて、これからいろいろつらいことや困ることもあるだろう。しかし、それにめげることなく、敬子さんが引き継いでやっていく協会の力なども借りながら、ぜひだれもが命の続く限りいつまでも頑張って暮らしていってほしい。彼ら一人ひとりの顔を思い浮かべながら、私は心からそう思った。

三　老い路遥かなり

頭が痛い私たち

■さらなる高齢社会に

いまやわが国は未曾有の高齢社会である。持て余すほどに老人たちの多くなった老人社会、また、持て余すほどに老いの長くなった長寿社会がとうとう日本にやってきたということだ。

どちらにしても、これまでの長い歴史のなかで私たち日本人が初めて経験する、まさに未曾有の事態であるだけに、それにどう向き合っていけばよいのか、そこでいかに老いの身を処していけばよいのか、あれこれと思い悩んでいる人もけっして少なくないに違いない。

そして、いま時あたかも、団塊の世代の人たちがもうしばらくすると老人たちの仲間入りしようかという時期である。

彼らが実際に老いを迎えるころともなれば、わが国の高齢化の情況はさらに進んで、いずれ高齢化率などはそのピークに達することになる。世の中がいま以上に老人だらけになってしまうわけだ。長生きする人も相変わらず多いはずである。

私のまわりにもこの団塊の世代の人たちがたくさんいるのだが、彼らも自分たちの置かれたそんな難しい立場をひしひしと感じているのだろう。老いを迎える時がしだいに迫ってくるなかで、そこで自分はいかに長い老いの身を処していけばよいのか、あれこれ思いをめぐらしている人もそこここで目につくようになっている。

もっともいくら考えたところで、何とも難しい問題だけに、納得いく答えを見つけ出せずに頭を痛めている人も少なくないようである。

じつはかくいう私も、団塊の世代にやや先駆けてもうじき老いを迎えるというのに、これから先の長い老いをどうしたらよいものやら、かいもく見当がつかずに頭を痛めている一人である。

■はっきりした見通しが立たない

さて、私たちの頭を痛くさせている問題を具体的に考えてみると、さまざまある。たとえば、まっさきに頭に浮かぶのは、これから長い老いの身を処していかなければならないというのに、私たちは果たして経済的に不安なく過ごせるのだろうかという問題である。何はともあれ、飯を食っていけるかどうか、雨露しのげるかどうかは、老いの身を処していくうえでもっとも大事な問題である。

かつて日本の老人たちは、いくら長生きしたとしても、自分の子どもによる扶養をあてにすることができた。親孝行が当たり前だった世の中では、子どももしっかりとそれに応えてくれた。

しかし、親孝行が死語になりつつあるいま、私たちはそんなものに期待することなどもとよりできなくなった。それでは、それに代わって国などが面倒を見てくれるかといえば、それもまったくあてにできない。経済的に不安なく過ごせるだけの十分な年金どころか、日々暮らしていくうえでの最低限の年金さえ貰えるかどうかあやしくなってきているのだ。高い税金を支払う代わりに、老後はしっかり保障されているヨーロッパの福祉先進国などと違って、日本では、何十年にもわたって、厚生年金や国民年金を支払い続けても、それに見合った老後の生活への保障はないのである。

また、いやおうなく八十、九十まで長生きするこの世の中では、いずれはだれもが厄介な病気に罹ったり、場合によっては寝たきりや痴呆にもなって、他人さまの世話にならざるをえなくなる。そんな時、昔の老人たちならやはり身近かな家族をあてにできたものだが、その家族のつながりが著しく弱ってしまい、自分たちの生活に汲々とするいままでは、それはほとんど期待できなくなった。

それなら、それに代わって国などが面倒を見てくれるかといえば、やはりそれもまったくあてにはできないだろう。三カ月毎に病院をたらい回しにされ、あげくのはてには追い出される現在の状況から考えても、これから先のこの国の老人福祉施策は、私たちが世話になるころには、病院や老人ホームの数少ない空きベッドを求めて老人たちが右往左往するといった悲惨な情況が現実になるであろうことは、十分に想像できる。

つまり、年金の問題にしてもそうだし、また医療や介護の問題にしてもそうなのだが、老いの身を処していくうえでもっとも不可欠なそんな基本的な事柄でさえ、いかにも不確かで頼りなく、これでは私たちがいくらこれからの老いの身の処し方について考えようとしても、はっきりした見通しなど立つはずがなく、頭はますます痛くなるばかりなのである。

■頼りになるものがない

そしていま一つ、これから老いを迎える私たちにとって悩ましい面倒な問題がある。

それはいろいろな意味で大きく様変わりしたこの世の中では、かつて老人たちにとってはごく当たり前だった老いの身の処し方が、いまはまったく通用しなくなり、私たちは自分の身の処し方の何もかもを、すべて自分自身で考えなくてはならなくなったということである。

本書の冒頭でも述べたことだが、昔の日本の老人たちはたとえ長生きしたとしても、だれもがあれこれ迷ったりすることなく、どっしりと落ち着いて、あるいは自信を持って堂々と老いの身を処していくことができた。家族の内においても外においても、老人たちは大事にされ、敬われ、また彼らにふさわしい居場所や役割もしっかりと用意されていたからである。彼らはそんな居心地の良い世の中にただ黙って身をゆだねてさえいれば、迷うことなく老いをまっとうすることができたのである。

しかし、いまや世の中は大きく様変わりして、老人たちにとって居心地のよかったそんな世の中は影も形もなくなってしまった。老人たちは大事にされるどころか、むしろ世の中から疎んぜられ、邪険にされるようになり、また、彼らに与えられていた居場所や役割もことごとく失われてしまったのである。つまり、いまや日本の老人たちは、老いの身を処していくうえで頼りになるものや支えになるものが、何もなくなってしまったのだ。これでは、昔の老人たちのように、どっしりと落ち着いて、あるいは自信を持って堂々と身を処していくことなどできるはずがない。

そんな事情は、これから老いを迎える私たちにとってもまったく同じである。私たちもまた、頼りになるものや支えになるものが何もないままに、それぞれ迷い悩み手探りしながら、老いの身を処していくしかなくなったのである。これもまた何とも頭の痛い話であるが、そういう世の中になってしまったのだからしかたがない。

昔はよかったというが

■邪魔者扱いを嘆く

世の中の居心地があまりに悪くなったせいだろうか。昨今の老人たちのなかには、ついついこの世の中の現実から目をそむけ、かっての古きよき時代のほうに目を向けてしまう人もいるようである。昔はよかったというわけだ。

いきなり私事で恐縮だが、大正生まれの私の母なども、そんな昔はよかったの口である。子どもが親孝行をする、年寄りがだれからも大事にされ敬われる、そんな当たり前のことが当たり前のように行なわれていた昔は、本当によい世の中だったというのが彼女の口癖で、そんな彼女にとっては、いまこの世の中で起こっていることが何かにつけてお気に召さないようである。

たとえば、同居している私と一緒にテレビを見ていて、体のきかなくなった老人が一人であれこれ難儀しながら暮らしている様子とか、寝たきりや痴呆の老人が福祉施設のなかで若い職員の介護を受けながら暮らしている様子などが映し出されようものなら、あの人たちの子どもは親をほったらかして何をしているのか、親の世話を他人さまに押しつけて何とも思っていないのか、昔だったらそんな親不孝なことはけっして許されなかったと、いかにも不機嫌そうな表情で憤り、返す刀でそばにいる私にたいして、「万一私が寝たきりになっても、まさかお前は親を見捨てるような親不孝なまねはしないだろうね」と、しっかり念を押してくる。

また、最近の新聞や雑誌などには、老人たちの年金や医療費がかさんで、何とかしなければいずれは国が立ちいかなくなるといった記事がよく載っているが、そんな記事を目にした彼女は必ず、「まるで年寄りが長生きしているのが悪いようないいぐさだね。この国ではいつから年寄りを邪魔者扱いするようになったんだろうね」と皮肉っぽく嘆く。そしてしみじみと、それにしても昔はよかった、こんな嫌な思いをしないで済んだ昔の年寄りはしあわせだったと、いつものお定まりの口癖を口にするのである。

考えてみれば、私の母の世代といえば、老人たちの居心地がよかった昔の世の中のことをよく見知っている世代である。また、いずれ自分たちが歳を取った時にも、そんな居心地のよい世の中で気持ちよく暮らしていけるだろうと密かに夢想しながら、一生懸命に働き続け、自分は食べるものも食べずに子どもを育ててきたのである。私の母なども、まさにそんなふうに生きてきたに違いない。

ところが、いざ歳を取ってみればあにはからんや、想像もしていなかったこんな居心地の悪い世の中が待っていたわけで、それだけに、ついつい意に沿わないいまの世の中の現実から目をそむけ、代わりに古きよき時代に目を向けて、昔はよかったということになってしまうのだろう。おそらく、それは私の母だけに限ったことではなく、母と同じ世代のほかの老人たちの気持ちのなかにも、多かれ少なかれ同じような思いがわだかまっているのではないかと思う。そういえば、各地の老人コミュニティを取材していても、そんな昔はよかった風の言葉が時として聞こえてきたものである。

■世の中の現実に目を向けて

しかし、彼らがいくら昔はよかったと愚痴ってみたところで、むろんもう昔には戻ることはできない。世の中が大きく様変わりして、老人たちがかってのような居心地のよい世の中で身を処していくことなど、もはや遠い過去の夢物語になってしまったのだから。

また、昔はよかったという彼らの思いにけちをつけるわけではないが、昔は老人たちにとって居心地のよい世の中だったとはいうものの、しょせんは、老人たちが家父長制など伝統的な権威のもとに、自分の意のままに振る舞っていた古い世の中だった。老人たちが居心地よい思いをしていた裏には、それを支えるために居心地の悪い思いをした人や、辛い思いをして泣いていた人たちがたくさんいたはずである。

おそらく私の母なども、若いころにはそんな辛い思いを味あわされたことがあるのだろうか ら、そのへんのことを少しでも思い出してくれれば、手放しで昔はよかったなどとはいえないとは思うのだが。

それにさらにいわせてもらうなら、昔はよかったというけれど、そんな昔ふうの古くさい身の処し方や、決まりきった身の処し方だけにいつまでも執心しているのも、考えてみればつまらない話だし、能のない話ではないだろうか。

歳上の人たちにたいして説教するようで気が引けるのだが、私としては、母や同じような思いを抱いているほかの老人たちにも、ぜひそうした理屈や道理をわかってもらって、できれば昔のことばかりにあまり固執せず、いまの世の中の現実にもう少し目を向けてもらえないかと思っている。

もっとも、私の母についていえば、生来の頑迷な性格に加えて、もう八十代も半ばを過ぎて老いも終わりに近づきつつある彼女にとっては、いかに老いの身を処していくかより、いかに穏やかに死ねるかのほうにそろそろ関心が移り始めているようで、いまさら自分の考えを変えるつもりはさらさらなさそうである。そういうことなら、母には昔はよかったという自分の思いを後生大事に抱えたまま、老いをまっとうしてもらうしかないだろう。

しかし、老いが終わりかけている母とは違って、これから老いを迎える私や団塊の世代の人たちの場合は、むろんそんなことはいっていられない。これから先ずっと長い老いの身を処していかなければならない私たちは、そんな後向きのことをいっているわけにはいかないからである。のんびり懐古趣味にひたっている余裕などないからである。

つまり、私たちは頭が痛くなろうがどうしようが、いまの世の中の現実にしっかりと目を向けて、それに見合った新しい老いの身の処し方を見つけ出していかなければならないのである。

老いのモラトリアム

■現役や壮年にしがみつく

高齢化社会ということで、老人コミュニティのようなところはもとより、私の身のまわりにもたくさんの老人たちが溢れてきているが、そのなかで、老いのとば口をいくらか入った、六十代の後半から七十代の前半くらいになる老人たちの身の処し方をながめてみると、ある共通したことに気づく。

それは何かといえば、彼らの多くが、少しでも老いを先延ばししようと腐心していることである。彼らの多くがというよりも、彼らのほとんどがそうしているといってよいかもしれない。

たとえば、私は自分の仕事の関係で、会社勤めの人から自営業やフリーで仕事をしている人まで、さまざまな職種の歳上の人たちとつきあいがあるのだが、会社勤めの人たちについていえば、六十を過ぎて定年を迎えてもなかなか仕事を離れたがらず、どんな仕事でもいいから、あるいは給料がいくら安くてもいいから、とにかくできるかぎり長く仕事を続けていきたいという人がすこぶる多いのである。

また、自営業やフリーで仕事をしている人たちの場合は、定年がないせいかさらに徹底していて、体力や気力の限界がくるまではいつまでも仕事を続けたいという人がほとんどだし、実際に七十をかなり越えた歳になってもまだ、いままで通り仕事を続けている人が少なくないのである。

こうした行動は一般的に理解すれば、少しでも長い期間収入を得ていたいという経済的理由によるともいえるし、また日本人の仕事好きや勤勉さを示すものともいえるのだろうが、老人たちの身の処し方という観点からすれば、だれもができるかぎり長く現役にとどまって、少しでも老いを先延ばししようとする姿を示しているということができるのではないかと思う。

また、私は仕事を離れて家に帰ってからも、趣味のテニスを通して多くの歳上の人たちとつきあいがあるのだが、彼らと接してしばしば感じるのは、彼らがいくら歳を取っても、自分はまだ若いと信じていて、けっして老いたとは思おうとしないことである。気持ちとしてはいつまでも壮年のままにとどまって、老人の部類に入ったとは認めようとしないのである。

彼らの行動にもそれは表われている。たとえば、経験したことのある人ならわかると思うが、テニスというのは運動量の多いけっこうハードなスポーツで、歳を取って足腰などが弱ってくるとプレーを続けるのがかなりきつくなってくる。無理して続ければ、故障につながったり怪我などもしやすくなる。またプレーするだけで精一杯で、周囲への気配りを欠くといったことにもなる。

しかし、ほとんどの人は、たとえ足腰が弱ってプレーを続けるのがきつくなっても、すぐにはテニスをやめようとはせず、また運動量の少ないほかのスポーツや運動能力を必要としないほかの趣味に移ろうともせず、多少足を引きずりながらでもあくまでプレーを続けようとするのである。

むろんそれは、彼らがテニスが好きでやめたくないということもあるのだろうが、それとともに、自分はまだテニスができるほどに若い、自分はまだ壮年なのだと信じようとしている彼らの気持ちの表われだともいえるのである。

仕事のうえでは、できるかぎり長く現役にとどまろうとする、もっとはっきりいえば、現役にしがみつこうとする、また日常の暮らしのなかでも、できるかぎり長く壮年にとどまろうとする、壮年にしがみつこうとする、いずれにしても、彼らはそうして少しでも老いを先延ばししようと腐心しているわけだ。

■老人になどなりたくない

いつの時代でも、老人たちは老いを先延ばししようと腐心してきたのかもしれない。しかし、老いることにたいする諦観のようなものを持っていた昔の老人たちと比べるなら、いまの老人たちが老いを先延ばししようとするこだわりの強さは、尋常の域をかなり越えているように思われる。

その理由は経済的問題以外にもいろいろと考えられるが、一つにはやはり、この長寿社会における六十代や七十代といえば、肉体的にも精神的にもまだ若さや元気さを残していて、現役や壮年としてもある程度は通用するからだろう。ちょっと頑張れば、仕事もテニスもいままで通り続けられるのである。それならば、「老害」といわれようと「年寄りの冷や水」といわれようと、現役として働き続けよう、壮年としてプレーを続けよう、自分は老いた、老人になったと自ら認めて現役や壮年から退くのは、本当に働けなくなったり動けなくなってからでもけっして遅くはないというわけだ。

そしていま一つ、私はこちらのほうがより大きな理由ではないかと思うのだが、老人たちにとってはなはだ居心地の悪いこの世の中では、だれもがそんなに早く老人になどなりたくないと思っている、できれば死ぬまでずっと老人になどなりたくないと思っているからである。

昔と違って、いまは若さばかりがやたらと持てはやされ、歳を取ったというだけで必要以上に疎んぜられ邪険にされてしまう世の中である。また、歳を取るとともに世の中との関わりが失われ、しかるべき自分の居場所や役割がなくなってしまう世の中である。そんな世の中で役立たずのお荷物と見なされながら小さくなって過ごすくらいなら、老人になどならないほうがよい、老人になどなりたくない、だから、できるかぎり長く現役や壮年にしがみついて少しでも老いを先延ばししたい、そういうことになってしまうわけだ。

ひところ、といってもかなり前のことだが、モラトリアム人間という言葉がはやったことがある。人生の目的や進路を決められない、あるいは世の中と関わりたくないために、大人になるのをぐずぐずとためらっている青年たち、つまり、大人になるのを先延ばししている青年たちを意味する言葉だったと記憶している。

そうだとすると、少しでも老いを先延ばししようとしているいまの老人たちも、まさに同じモラトリアム人間と呼んでよいと思う。もっとも、片や世の中と関わりくないためのモラトリアム、片や世の中との関わりを失いたくないためのモラトリアムという大きな違いがあるので、両者をいちがいに一緒くたにしてしまうのは、老人たちにたいして失礼かもしれないのだが。

■モラトリアムか天邪鬼か

ところで、私自身はすでに六十近くになっていて、年齢的にはもういくらもしないうちに老人たちの仲間入りすることになるのだが、実際にそんな歳になった時にこのモラトリアムの問題をどうするか、ちょっと迷っている。

こういうご時世だから、私のまわりの歳上の人たちと同じように、少しでも老いを先延ばししようとするモラトリアム人間でいるのが、やはり賢い選択なのかもしれない。いつまでも元気に現役や壮年のままでいるのは別に悪いことではないし、モラトリアムの間はとりあえず老いというものを直視しないで済む。またその間に、これからの老いの身の処し方をどうするか、ゆっくりと時間をかけて考えることもできるからである。

しかしそうはいっても、いくら老いを先延ばししたところで、遅かれ早かれいつかは、老いというものに本当に向き合わなければならなくなる。それならばいっそのこと、いたずらに老いを先延ばししたりせず、早くから覚悟をきめて老いというものにしっかり向き合ってみるのも悪くない選択かもしれない。

いつまでも老いを先延ばしして、老害だ、年寄りの冷や水だなどと陰でいわれるのも嫌だし、一人くらいは老いを毛嫌いせずに、せっかく長い老いを与えられたのだからそれを積極的に受け入れて思う存分楽しんでみよう、現役の時より充実した人生を過ごしてみようという天邪鬼《あまのじゃく》がいてもいいかなとも思うからである。

モラトリアムか天邪鬼か。もうじきに老いのとば口に立とうとしている私としては、そろそろどちらかを選択しなければならないのだが、あれこれ考えてはいるものの、老いの身の処し方の基本に関わる難しい問題だけに、どちらがよいのか私はまだはっきりとした結論を出せないでいる。

捨てたものでない世界

■意外にも生き生きとした世界が

これから老いを迎える私も、いずれは老人コミュニティのようなところで暮らすことになるかもしれない。それなら、そこがいったいどういうところなのか、後学のために知っておきたい。

それが老人コミュニティを訪ねてまわった私のそもそもの動機なのだが、取材に先立って、老人問題をテーマにしたいかにも暗い感じの本を何冊も読んでいたせいか、老人コミュニティなどというのはどこか暗くわびしげなところに違いない、まさに世の中の片隅の陽の当たらない場所を象徴するようなところだろうと、私は勝手に想像していた。また、私の本当の気持ちとしては、老いてからそんなところで暮らすのはあまり気が進まない、できれば敬遠したいものだなどとも考えていたのである。

しかし、実際に各地の老人コミュニティを訪ねてみて、取材前に抱いていたそんな私の想像が、かなりまとはずれだったことに気づかされた。

確かにそこには、経済的に苦しい情況に置かれている老人たちや、健康に問題を抱えて悩んでいる老人たちなども少なからずいて、一面では暗くわびしげな気配が感じられないではなかったものの、総じていえば、そこには意外にも生き生きとした世界が、コミュニティによってはそれなりに活気のある世界が広がっていたのである。

むろん、活気があるといっても、仕事や子育てに忙しい現役の若い人たちのなかから発せられる、せかせかしたあわただしい感じの活気とはかなり違ったものである。仕事こそしていないが時間だけはたっぷりある老人たちが、それぞれ気ままに好きなことに精を出していることからかもし出される、いわばゆとりを含んだ活気、落ち着きを秘めた活気とでもいえようか。つまり、老人コミュニティならではの独特の活気がそこには漂っていたのである。

それは、すでに紹介した二つの老人コミュニティの雰囲気からも、ある程度は推察してもらえるのではないかと思う。たとえば、リタイアして自由な時間のできた老人たちが、親しい仲間と冗談をいい合いながら和気あいあいとゲートボールを楽しんでいたり、夫に先立たれた後家さんたちが一つの部屋に集まっては、お茶を飲みながらいかにも楽しげにおしゃべりに花を咲かせていた青戸団地の雰囲気からも、また大都市から移り住んだ老人たちが、豊かな自然のなかでそれぞれ思い思いに土いじりや釣りなどの趣味を楽しんでいたり、移り住んだ仲間同士が親睦組織をつくって互いの交遊に励んでいた大洋村の雰囲気からも。

考えてみれば、いまそこで暮らしている老人たちといえば、現役の時にたどってきた経歴はそれぞれ多彩だし、また彼らの属する世代も、長寿社会を反映して六十代から七十代、八十代とじつに幅広いのである。

そんなさまざまな経歴、さまざまな世代の老人たちが入り混じって暮らしていて、しかも、ほとんどの人が時間に縛られることも上司の目を気にすることもなく、自分の思うがままに自由に動きまわっているのだから、老人コミュニティといえども、そこに生き生きとした世界、活気のある世界が広がっていたというのも、ある意味では当然のことといえるのである。

■暮らしぶりもさまざま

各地の老人コミュニティを取材して、私がいま一つ感じたことがある。

それは、老人たちの暮らしぶりが、老人コミュニティによってじつにさまざまだったことである。それについても私は取材前、老人たちの暮らしぶりなどというのは、どうせどこのコミュニティでも大差なく似たようなものだろうと想像していたのだが、実際にはけっしてそんなことはなかったのである。

たとえば、コミュニティのなかでの老人たちのつきあい方一つにもそれははっきりと表われていて、下町の商工業地の老人コミュニティでは、どちらかといえば隣近所や町内会などの地縁的なつきあいが大事にされていたのにたいして、山の手の古い住宅地やニュータウンの老人コミュニティでは、そうした地縁的なつきあいよりもむしろ趣味のサークルなどを通しての機能的なつきあいがもっぱら重視されている、といった具合いである。老人たちの暮らしぶりにも、それぞれのコミュニティが立地する地域の特性が色濃く反映されているということなのだろう。

蛇足ながら、私の母はいま東京近郊のニュータウンにある私の家で私と一緒に暮らしているのだが、どういうわけか、彼女はかつて長く暮らしてきた東京の下町に里帰りしてしまうことがしばしばある。

毎日私と顔を突き合わせているのが嫌になってしまったのかとも思ったのだが、話を聞いてみるとじつはそうではなく、これといった趣味を持っていない彼女にとっては、ニュータウンでの機能的な老人同士のつきあいがどうも苦手なようなのである。彼女の肌に合わないらしい。そのため、趣味などなくても老人同士が気さくにつきあえる下町の馴染みの町内に出かけていっては、昔の友だちの家に上がりこんで何時間もおしゃべりするなどして、日ごろの憂さを晴らしているというわけだったのである。

蛇足ついでにいわせてもらえば、母が連れ合いを亡くして一人になった時、いろいろ事情があって私は彼女をニュータウンに呼び寄せたのだが、そんなことなら無理にでもいままで通り下町に住まわせてやればよかったのかもしれない、彼女にとってはそのほうがずっとしあわせだったのかもしれないと、私はいま自分の短慮をちょっと悔やんでいるところである。

暮らしぶりがさまざまといえば、大都市の老人たちが移り住んで暮らしている農村の新天地でもそれは見受けられた。

大洋村の取材をしていたのとほぼ同じ時期に、私はやはり東京などから大勢の老人たちが移り住んで暮らしている伊豆半島のある老人コミュニティにも出かけてみた。さる大手のデベロッパーがアメリカのシルバービレッジをモデルにして計画的に開発したという、大規模で豪華なつくりの老人コミュニティである。

大洋村のミニ別荘の値段が一戸せいぜい五百万円ほどだったのにたいして、ここでは一戸数千万円もする立派な住戸が広い敷地にゆったりと立ち並んでおり、またコミュニティのなかには、集会所やスポーツ施設など暮らしていくうえで必要な施設や設備がまさに至れり尽くせりですべて備えられていて、移り住んだ老人たちの暮らしぶりはいかにも快適そうに見えた。

しかしその反面、そこの老人たちの暮らしぶりをながめていて、私には少し気になることがあった。彼らの暮らしのすべてがコミュニティのなかで完結してしまうためか、まわりに住む地元の人たちと積極的につきあおうとする老人たちが、ほとんど見られなかったのである。

大洋村に移り住んだ老人たちの場合、せっかく新天地にやってきたのだからできるかぎり地元に溶け込んで暮らそうと、だれもがあれこれ悪戦苦闘していたことはすでに紹介したが、それとはきわめて対照的で、同じ新天地のコミュニティでも老人たちの暮らしぶりがはっきりと違っているのを見て取ることができた。

なおここでも蛇足ながら、私の個人的な好みをいわせてもらえば、伊豆半島の老人コミュニティでの老人たちの快適な暮らしには、正直にいって幾分かの羨ましさを感じたものの、地元の住人たちとあまりつきあおうとしない彼らの内向きの暮らしぶりには、ややもの足りなさを感じたものである。他方で、大洋村のミニ別荘での老人たちの暮らしは、必ずしも快適そうには見えなかったものの、せっかく新天地にやってきたのだからできるかぎり地元に溶け込んで暮らしていこうという、老人たちの外向きで開放的な暮らしぶりにはかなり心惹かれるものがあり、もし私が新天地で暮らすとしたら、迷うことなく大洋村を選ぶことになるだろうと思った。

■頭から毛嫌いしないで

これから老いを迎える団塊の世代の人たちのなかにも、老いたからといって老人コミュニティのような暗くわびしげなところで暮らすのはあまり気が進まない、できればいつまでも若い人たちのなかに混じって暮らしたいと考えている人が少なからずいるに違いない。私も取材前にはそんなふうに考えていたのだから、その気持ちはそれなりに理解することができる。

しかし、いうまでもないことだが、団塊の世代の人たちが老いを迎えるころには、まわりはどこも老人だらけになって、若い人たちに混じって暮らしたいなどという贅沢はいっていられなくなる。だれもが好むと好まざるとにかかわらず、老人コミュニティのようなところで暮らさざるをえなくなるのだ。それでもなお、若い人たちに混じって暮らいたいという人もいるかもしれないが、無理してそんなことをしても、おそらく若い人たちから煙たがられて、みじめな疎外感を味あわされるだけだろう。

そういうことなら、彼らもいずれは老人コミュニティで暮らすことを覚悟して、私と同じようにどこかのコミュニティに出向いて、そこがどういうところなのか一度ゆっくりながめてみればよいと思う。そうすれば、そこには意外にも生き生きとした世界が広がり、またそこでの老人たち暮らしぶりもけっこう多様であることなどを知って、おそらく老人コミュニティというのもまんざら捨てたものではない、頭から毛嫌いするようなところではないと思い直すことになるはずである。

少なくとも私についていえば、取材を通して自分の勝手な思い込みを改めさせられたし、老いを迎えたらそういう老人たちの世界に入って暮らすのも悪くはないかもしれない、さまざまなコミュニティのなかから自分に合ったコミュニティを選べば、それなりに気持ちよく暮らしていけるのではないか、などと思い始めているところである。

自分で始末をつける

■どんなに困っても苦しくとも

いま老人コミュニティで暮らしている老人たちといえば、これから老いを迎える私たちに先駆けて、もうすでに老いを迎えてそのまっ最中にいるわけだが、彼らもまたこの大きく様変わりした世の中で、あれこれ迷い悩み手探りしながら老いの身を処していることに変わりない。

今回の老人コミュニティの取材では、そこで暮らすできるかぎりたくさんの老人たちと会って話を聞いたのだが、そのなかには、私たちがこれから長い老いの身を処していくうえで参考になると思われる貴重な話も少なくなかった。

たとえば、東京の青戸団地の老人たちと話をしていて、とくに私の印象に残ったことがある。それは、老後を過ごしていくうえでのもっとも大事な生活信条として、彼らの多くがいわゆる「子ども孝行」をあげたことである。

子どもが親に孝行するのではなく、反対に親としての彼らが子どもに孝行する。つまり、自分がどんなに困っても苦しくとも、子どもに面倒や迷惑をかけるようなまねだけはけっしてしたくないということである。

青戸団地の老人たちのなかにも、貰える年金が十分でなかったり健康に問題を抱えていて、他人さまの援助や手助けを必要としている人が少なからずいるのだが、そんな時、ついついもっとも身近かな存在である自分の子どもに頼りたくなってしまうのが人情というものだろう。しかし、彼らはあえてそれをしようとしないのである。したくないというのである。

彼らの言葉を借りれば、「子どもたちに迷惑をかけないで老後を過ごすことが、親としての最低限の務めだと思っている」あるいは「子どもたちの世話にならずに死ねれば、親として本望だ」というわけだ。

むろんなかには、子どもが親の面倒をみるのは当たり前などと明言する、私の母と似たような人もいないわけではなかったが、そういう一部の人を除けば、団地のほとんどの老人たちが、どんなに困っても苦しくとも、子どもに面倒や迷惑をかけることを潔しとせず、自分の老いはあくまで自分で始末をつけようとしているのである。

また、この団地には一人暮らしの後家さんたちがたくさんいるのだが、彼女たちにも同じようなことが見受けられた。

たとえば、連れ合いに先立たれたあと、後家さんたちのだれもが自分の身の振り方をどうするかそれぞれ選択を迫られたのだが、子どものところに引き取られた人はごくわずかで、ほとんどの後家さんがそのまま団地に残って、一人暮らしをしていく途を選んだのである。

彼女たちの暮らしむきも、けっしてよいとはいえない。むしろ、団地のなかではもっとも厳しい状況にある。それでも彼女たちは、子どもなどには頼らずに自分の力だけで暮らしていきたいと、あえて団地での一人暮らしを選んだ、それもほとんどの後家さんが、自分自身の意思でそれを決めたのである。つまり、彼女たちもまた、自分の老いはあくまで自分で始末をつけようとしたわけだ。

しかし、私にとってさらに印象深かったのは、むしろ一人暮らしになってからの後家さんたちの振る舞いである。

一人暮らしといえば孤独や不安がつきものなのだろうが、この団地の後家さんたちの暮らしぶりからは、そんなものにさいなまれている様子などみじんも感じられない。それどころか、だれもがいたって明るく元気はつらつとしているのである。

その理由はいろいろ考えられるのだが、なかでももっとも大きな理由ではないかと思われたのが、私が勝手に「お茶飲みネットワーク」とか「助け合いのネットワーク」とか名づけた、後家さんたち同士のつきあいのネットワークの存在である。

この団地のなかには、老人クラブの仲間、同じ棟に住む仲間、同じ階段を使う仲間、趣味や習い事の仲間、病院仲間などによるつきあいのネットワークが、あらゆるところに、また幾重にもわたって張りめぐらされている。これまでの長い共同生活のなかで、彼女たちがつくりあげてきたものだ。

後家さんたちはそれらのネットワークを通して、毎日のようにどこかの部屋に集まっては、一緒にお茶を飲んだり楽しくおしゃべりをしたりしながら一人暮らしの寂しさをまぎらわし、また何か困ったことが起こった時にも、やはりそれらのネットワークを通して後家さん同士が互いに励まし合ったり助け合ったりしながら、それを切り抜けているのである。

つまり、後家さんたちは団地での一人暮らしを続けていくにあたって、それぞれが自分に必要な人間関係のネットワークを自分自身の手でつくり出し、またそれをさまざまな場面でうまく利用しながら、一人暮らしにつきものの孤独や不安を振り払い、結果としてだれもが明るく元気はつらつに暮らしているというわけだ。

■老人たちにも個人主義が

「濡れ落ち葉」などと、いまの老人たちの依存的な面ばかりをことさら強調するむきもあるようだが、青戸団地の老人たちの身の処し方を見るかぎり、私にはそうは思えない。

自分のことはあくまで自分で始末をつけようとする彼らの身の処し方には、依存的どころか、すぐれて自立的なものを見て取ることができるからである。少なくとも、子どもの親孝行などに無条件に頼っていた昔の老人たちと比べるなら、自立の度合いはいまの老人たちのほうがはるかに大きいのではないかと思う。

ちなみに、いまの老人たちがそんな自立的な身の処し方をするようになった背景を考えてみると、やはり、老人たちを取りまく世の中の変化がやむなく彼らをそうさせたという面があるのは確かだろう。

老人たちが身を処していくにあたって、本来ならもっとも頼りになるべきはずの家族が、いまやまったく頼りにならない。子どもはもとより、近年では配偶者さえも頼りにならなくなった。また、それに代わって国などがどうにかしてくれるかといえば、その国もまたほとんど頼りにならない。家族も国もあてにできなければ、結局のところ老人たちは、自分の老いは自分で始末をつけるしかなくなったのである。

そしていま一つ、老人たち自身の内在的な変化という面に目を向ければ、彼らのなかにもようやく、よい意味での個人主義的な考え方や行動様式といえるものが芽生えてきたといえるのだろう。

いまは、好むと好まざるとにかかわらず、自己責任や自己決定などが重視される個人主義の時代である。自分のことはあくまで自分で責任を持つ、自分のことはあくまで自分で決めることが何より大事にされる時代になったわけだ。若い人たちにとってはもうすでに当たり前のことなのだろうが、時代の変化にすぐには対応できない老人たちにとっては、これまで必ずしも当たり前のことではなかった。しかし、いまそれが遅ればせながら、老人たちのもとにも、彼らの身の処し方にも及んできたということなのである。

■最後まで貫き通せるか

自分の老いはあくまで自分で始末をつける、おそらくこれはいまの老人たちばかりでなく、これから老いを迎える私や団塊の世代の人たちにとっても、もっとも基本的な規範の一つになることは間違いないと思う。つまり、私たちもこれから長い老いの身を処していくにあたっては、何はさておいても、自分の老いは自分で始末をつけていかなければならないということである。

もっとも、言葉ではそう簡単にいえても、それを最後まで貫き通すのはなかなかに難しそうだ。この変化の激しい世の中では、意に反して自分で自分の始末をつけられなくなる予期せぬ出来事もしばしば起こりうるからである。

日ごろから自分の老いはあくまで自分で始末をつけたいといっていた青戸団地の老人たちといえども、残念ながら、最後までそれを貫き通すことができなかった。団地の建て替えとそれにともなう家賃の大幅な上昇という予期せぬ出来事によって、少なからずの老人たちが自分で自分の始末をつけられなくなってしまったのである。

おそらく、私たちが老人たちの仲間入りするころには、自分で自分の始末をつけられなくなるような情況がさらに強まってくることは間違いない。

たとえば、私たちにとって数少ない頼りの一つである年金なども、いまのような経済や財政の状態がこれからも続くようなら、早晩給付水準の引き下げなどが行なわれるに違いない。これまで一生懸命働いてきたのだから、せめてだれにも頼らないで済むくらいの年金は貰いたいと思うのだが、そんな期待は残念ながら叶えられなくなっていくはずである。また、世の中の変化がますます激しくなるなかでは、団地の建て替えどころではない、さらに大きな予期せぬ出来事が私たちの身にふりかかってこないとも限らない。

そんななかで、果たして私たちはどこまで自分で自分の始末をつけられるのか、そのためのさしたる準備もしていない私などは、何となく心もとなくなってしまうのだが、しかし、だれに頼ろうにも頼ることができないこの世の中では、そんな甘いこともいってはいられない。私を含めてこれから老いを迎える者はだれもが、どんなことがあっても最後まで自分の老いは自分で始末をつけるしかないと覚悟を決めて、いまからそれなりの準備をしておく必要があるのだと思う。

もう一花咲かせる

■現役の暮らしと縁を切る

老いてからも、現役の時の暮らしをあまり変えることなく無難にやっていきたいという人もいるだろうが、せっかく長い老いを与えられたのだから、現役の時の暮らしとはすっぱりと縁を切り、あらためてまったく新しい暮らしを始めてみるのもおもしろいのではないか、住む場所もつきあう人もこれまでとはまったく違う、文字通りの第二の人生を始めてみるのも悪くはないのではないか。

そんなことを漠然とながら考えている私にとっては、東京などの大都市から茨城県の大洋村のミニ別荘に移り住んで暮らしている老人たちの身の処し方には、興味をそそられるところが大きかったし、教えられるところも大きかった。

すでに紹介したように、彼らが大洋村に移り住んだ動機や事情はさまざまなのだが、たとえばそのなかには、農村の豊かな自然に魅せられ、そこで土いじりなどの好きな趣味を楽しみながら老後を過ごしたいという思いを抱いてやってきた人がたくさんいる。

そんな彼らなどはまさしく、現役の時の暮らしとすっぱり縁を切ってまったく新しい暮らしを始めようと、それをあえて実行に移した人たちだといえるだろう。つまり、これまで住み続けてきた大都市でのあくせくした暮らしにさっさと見切りをつけ、かねてから望んでいた農村での新しい暮らしを始めるべく、思い切って遠く離れた大洋村にまでやってきたというわけだ。

むろん、住み慣れた大都市を離れて見ず知らずの農村に移り住むにあたっては、彼らにも相当な覚悟がいっただろうし、それなりの不安もあったのではないかと思う。しかし、どうしても農村の新天地で新しい暮らしを始めてみたいという思いの強さがそれを上まわって、彼らを実行に踏み切らせたのである。

「土いじりで心地よい汗を流したあと、黄金色の太陽が雑木林の間をキラキラとゆらめきながら沈んでいくのを一人静かに見ていると、生きたまま極楽浄土にきているような気がします」

老人たちの一人が新天地での暮らしについての感想をそう話してくれたが、その話ぶりからは、彼らが大都市にそのまま住み続けていたらけっして味わうことのできなかった喜びや感動の大きさがはっきりと伝わってきたし、できればそんな新しい暮らしをしてみたいと獏然と考えていた私自身も、ただ考えているだけでは意味がない、本当にやってみるのもおもしろいかもしれないという気にさせられた。

■新しい人生を切り開く

大洋村のミニ別荘には、豊かな自然を求めてやってきた人ばかりでなく、大都市で暮らすなかでさまざまな問題を抱え、そのためやむなく新天地に移り住まざるをえなかった老人たちも少なからずいる。

地価の高い大都市では住宅を持てなかったり、大都市での煩わしい人間関係に悩まされ続けてきたなどの理由で、大都市から逃れるようにしてやってきた人たちである。

もっとも、やむなく移り住んだとはいうものの、いろいろ話を聞いてみると、彼らもまたせっかく新天地に移り住んだのだから、それを機にあらためて新しい暮らしを始めてみたい、あらためて第二の人生を始めてみたいという強い思いを抱いて暮らしていることがわかる。

そんななかで私がとくに興味を惹かれたのが、東京から移り住んだ一組の老婚夫婦である。残念ながらいまの日本では、老婚というのはだれからも祝福される慶事とはなっていない。子どもたちからはこぞって反対され、隣近所からは好奇に満ちた目が向けられる。それならいっそのこと、縁もゆかりもない新天地に移り住んで新しい暮らしを始めるしかないだろう、彼らはそんな思いを抱いて、二人揃ってはるばる大洋村にまでやってきたのである。

「私たちはこの村の人間に生まれ変わったつもりで暮らしていこうと思っているのですから、どんなことがあってももう東京に戻ることはありません」

「この大洋村に根を下ろして残りの人生をまっとうするつもりだよ。いまは、どうしたらこの村で充実した第二の人生を過ごすことができるか、あれこれと考えているところだ」

長く暮らしてきた大都市とのしがらみをすっぱりと断ち切り、新天地の人間になりきってそこに根を下ろして暮らしていきたい、二人で手を携えながら、これまでたどってきた人生とは違うまったく新しい人生を切り開いていきたい、そんな彼らの意気込みを聞いていると、またその意気込み通りの、その後のいかにも充実した暮らしぶりを見ていると、私には彼らの老いの身の処し方がとても魅力的に感じられて、羨ましくさえ思えたし、それよりも何よりも、私たちは老いてからでもまだ十分にやり直しがきくものだということを、彼らからあらためて教えられたのである。

ちなみに、せっかく長い老いを与えられたのだから、現役の時とは違うまったく新しい暮らしを始めてみたいと考えている、あるいはもうすでにそれを実行に移している老人たちが、いま私のまわりでもしだいに増えつつある。

新天地に移り住んで新しい暮らしを始めた人ばかりではなく、大学や大学院に入り直していままでやりたくてもできなかった勉強を始めた人、さまざまなボランティア活動に取り組んでいる人、小説やエッセイ、絵画や彫刻などの創作活動に本格的に取り組んでいる人、またちょっと変わったところでは、地方議会の議員になっていままで無縁だった政治活動を新たに始めた人など、じつにさまざまである。

彼らが取り組んでいる活動の内容自体もたいへんに興味深く、これから老いを迎える私にとっては大いに参考になるのだが、彼らが私たちにもたらしてくれたさらに大きなことといえば、老いの身の処し方というものの幅が、私たちが考えているよりもずっと広いということを教えてくれたことである。

つまり、現役の時に何をしてきたかにかかわりなく、私たちは老いてからでもさまざまな新しいことに取り組むことができる、もう少し平たくいえば、私たちは老いてからでももう一花咲かせることができる、しかも、お好みしだいでさまざまな色の花を咲かせることができるということを、彼らは目に見える具体的なかたちで私たちに示してくれたということだ。

■実行するのはたいへん

ところで、老人たちのそんな前向きの動きに水をさすわけではないが、現役の時とは違うまったく新しい暮らしを始めると言葉では簡単にいえても、いざそれを本当に実行に移すとなると、大洋村に移り住んだ老人たちの例を見るまでもなく、けっこうたいへんなようである。

彼らが新天地に移り住みたいと口に出したとたん、多くの人が家族や友人たちから強い反対を受け、思いとどまるよう説得されたという。年寄りはあまり無茶なことをせずに家のなかでおとなしくしているのが無難だというステレオタイプの老人観が、いまの世の中にもまだ根強く残っているのだ。

また、新天地に移り住んだあとも、そこで人並みに暮らしていくためにだれもがたいへんな苦労を強いられた。先の老婚夫婦にしても、その第二の人生のかなりの部分が新天地に溶け込むための営みに費やされた。移り住んだ老人たちが新天地にスムーズに受け入れられて貰えるような条件が、この国ではまだ十分には整えられていないためで、そのため彼らは自分たちの力でそれを克服しなければならなかったのである。

初めにも述べたように、私も老いを迎えたら、できれば現役の時とは違うまったく新しい暮らしを始めてみたいと密かに思っているのだが、大洋村に移り住んだ老人たちのそんなたいへんさを知ってしまうと、情けないことについつい腰が引けてしまうのである。しかし、それでもなおやってみるというのなら、やはりそれなりの相当な覚悟をもって臨む必要があるのだろう。また、そのための準備もできるかぎり早く始めなければならないのかもしれない。

迷うのもやむなし

■世の中が変わったといっても

この高齢社会のなかで、私たちはいかに老いの身を処していけばよいのか、いかに長い老いの身を処していけばよいのか。

老人コミュニティでの見聞などをもとにいろいろ考えてはきたものの、正直にいって、私はまだすっきりとした答えを見つけ出せないで迷っている。あいかわらず頭が痛いままなのである。おそらく、それは私だけのことではなく、私に続いて老いを迎える団塊の世代の人たちにとっても、多かれ少なかれ同じことではないかと思う。

しかし、いいわけするわけではないが、私たちが老いの身の処し方にすっきりとした答えを見つけ出せないでいるのは、ある意味でやむをえないことなのである。

これまで繰り返し述べてきたように、いまや未曾有の高齢社会、そのうえ老人たちにとってはなはだ居心地の悪くなったこの世の中では、私たちがすっきりとした老いの身の処し方を見つけ出すのが、すこぶる難しくなってしまったからである。さらには、これまでの世の中の変化があまりに速かったために、私たち日本人が新しい老いの身の処し方について考える時間的余裕があまりなかったことも、その理由に加えていいかもしれない。

考えてみれば、たかだか五十年ほど前の日本では、ほとんどの老人たちが親孝行な子どもに頼りながら、のんびりと楽隠居をきめこんでいたのである。子どもと別れて老人コミュニティのようなところで暮らさなければならない人など、どこを探してもいなかったのである。それが、さあ世の中が変わったのだから、あなたたちはそれに合わせて新しい老いの身の処し方を見つけ出しなさいなどといわれても、すぐにそんなことができるわけがないのである。

■試行錯誤が繰り返されれば

それでも、これから私たちは何とか老いの身を処していかなければならない。長い老いの身を処していかなければならない。

私の母にも説教じみていったことだが、やはり、私たちはだれもがあれこれ迷ったり悩んだりしながら、いまの世の中にふさわしい老いの身の処し方や自分に合った老いの身の処し方を、それぞれ自分で見つけ出していくしかないのだろう。迷うのもやむなしということだ。

老いを先延ばしするのかしないのか、いかに自分で自分の老いの始末をつけていくのか、また、老いてからも現役の時とはあまり変わらない無難な暮らしをするのか、それともあえて現役の時とは違うまったく新しい暮らしを始めるのか、そんなことを、迷いながらもそれぞれ自分で決めていかなければならないということである。

おそらく、そんな迷いながらの試行錯誤が、私たちを含めてこれから老いを迎える世代ごとにつぎつぎと繰り返されていけば、いずれはさまざまな老いの身の処し方の見本が山のように蓄積され、やがてそのなかからいくつかの魅力的な身の処し方の手本も現われてくるに違いない。

目の前には、老いの身の処し方の選択肢がいろいろと用意されている、そのなかから自分の好きな身の処し方を自由に選べる、どの身の処し方を選んでも楽しく充実した老いを過ごすことができる、いつかそんな時代がやってくればいいと思う。また、老人たちにとってははなはだ居心地の悪いいまのような世の中が過ぎ去って、だれもが老いを毛嫌いしたり、老いを先延ばししようなどとすることなく、できるかぎり早く老いを謳歌したいと思えるような世の中になればなおいいと思う。

しかし、日本にそんな時代やそんな世の中がやってくるのは、残念ながらまだかなり先のことになりそうである。

なお、最後に一つ、忘れてはならない大事なことをつけ加えておくと、長い老いが終わりかけるころには、自分で主体的に身を処していくことなどできない情況がだれにも必ずやってくる。たとえば、寝たきりや痴呆になってしまうといったことだ。

今回の老人コミュニティの取材でも、取材が終わりかけるころには、ほとんどの老人たちが八十代、九十代になっていたのだが、彼らの意識のなかに通奏低音《つうそうていおん》のように流れていたのが、もし自分が寝たきりや痴呆になってしまったらどうしよう、だれに面倒みてもらえばいいのだろうかという強い不安感だった。長い老いを与えられたうえに、家族や子どもの手による介護がほとんど期待できなくなってしまったいまの世の中では、老人たちのだれもがそんな不安を覚えるのは無理からぬことだといえるだろう。

そういう時に備えて、私たちはいかに他人さまに面倒みてもらうかについても、あらかじめしっかりと考えておかなくてはならないのだが、これから老いを迎えようとする私には、正直にいってまだそんなところまでは考えが及ばない。いまから考えておかなくてはと頭ではわかっていても、さし迫った自分の問題として実感するまでには至っていないからである。この国の老人福祉施策のお寒い現実のなかでは、考えるのが怖いということもある。

その問題については、いまはとりあえず福祉の専門家などの議論にまかせて、いつかそのことを自分で考えなければならない時がきたら、あらためてゆっくり考えてみようと思っている。どうやら頭が痛いのは、これから先もまだまだ続きそうである。

あとがき

本書の表題「老い路遥かなり」にある「老い路」は、「恋路」を模した私の造語で、老いの始めから終わりまでの総体的過程といった意味である。

本書ではまず、二つの老人コミュニティを舞台にしたルポルタージュを紹介した。とくに私は、いまそれらのコミュニティで「老い路」をたどっている老人たちに関心を持ち、その人間模様や身辺風景などを丹念に描いてみた。彼らはいかにも居心地の悪くなったこの世の中で、それぞれに迷い悩み、あるいは手探りしながら、持て余すほどに長くなった老いの身を処しているところである。その意味で、彼らにとっての「老い路」は、時間的にもまた精神的にもまさに遥かなりということなのである。

当初、本書はこのルポルタージュだけで終わるはずだった。しかし、本にするからには、高齢化社会や老いについての私自身の思いもしっかり書くべきだというもっともな指摘を受け、そこでつけ加えたのが、私やその後に続く団塊の世代の老いについて論じた最終章である。私たちもこれから、やはり迷い悩み手探りしながら、持て余すほどに長くなった老いの身を処していかなければならない。つまり、私たちにとってもまた「老い路」は遥かなりなのである。

もっとも、ルポルタージュのなかでも、最終章でも触れたように、長い「老い路」をたどっていく間には、長生きしていてよかったと思えることもたくさんある。これから老いを迎える読者の方々には、それらも合わせて読んでもらって、長い「老い路」をまっとうするのはなかなかたいへんだが、しかし、やりようによってはそれを楽しく充実したものにすることができるかもしれない、そんなことを感じ取ってもらえれば、本書を出した意味が少しはあるというものである。

なお、本書を書くにあたっては、各地の老人コミュニティで暮らす多くの老人たち、とくに固有名詞（いずれも仮名）で登場してもらった老人たちには、度重なる取材を辛抱強く受けていただくなど、ひとかたならぬお世話になった。また、本書の出版に際しては、緑風出版編集部の高須ますみさんに内容にまで踏み込んだ貴重な示唆をいただき、本としての体裁を整えることができた。

ここでみなさんに、あらためて心からのお礼を申し上げるしだいである。

二〇〇四年春

岩尾　徹

［著者略歴］

岩尾　徹（いわお　とおる）

1944年（昭和19年）栃木県生まれ。1973年東京大学大学院修了。（財）社会開発総合研究所、（社）地球社会計画センターなどで農業問題や農村の老人問題の調査研究に従事。その後、自ら（株）社会計画研究所を設立して、研究領域を大都市の老人問題にも広げる。著書に『昭和農民始末』（日本経済評論社）などがある。

老い路遥かなり　老人コミュニティを訪ねて

2004年4月20日　初版第1刷発行　　定価1700円十税

著　者　岩尾　徹©

発行者　高須次郎

発行所　緑風出版

〒113-0033　東京都文京区本郷2-17-5　ツイン壱岐坂

［電話］03-3812-9420　［FAX］03-3812-7262

［E-mail］info@ryokufu.com

［郵便振替］00100-9-30776

［URL］http://www.ryokufu.com/

装　幀　堀内朝彦

写　植　R 企 画

印　刷　モリモト印刷　巣鴨美術印刷

製　本　トキワ製本所

用　紙　大宝紙業　E1500

Printed in Japan　ISBN4-8461-0406-0　C0036